Rolf Friedrich Schuett

Wer die Normen erfüllt, verletzt die Normalität

Zeitschrift für europäische Moralistik

FSC
www.fsc.org
MIX
Papier aus ver-
antwortungsvollen
Quellen
Paper from
responsible sources
FSC® C105338

R o l f F r i e d r i c h S c h u e t t

Wer die Normen erfüllt, verletzt die Normalität

Zeitschrift für europäische Moralistik

Books on Demand

Bibliographische Information Der Deutschen Bibliothek:
Die Deutsche Bibliothek verzeichnet diese Publikation
in der Deutschen Nationalbibliographie; detaillierte
bibliographische Daten sind im Internet abrufbar über
http://dnb.ddb.de

Erste Auflage

Herstellung und Verlag :
BoD – Books on Demand, Norderstedt

Gedruckt auf alterungsbeständigem Papier
(holz- und säurefrei)

Umschlaggestaltung : E. L. Schmidt

Printed in Germany

ISBN 978-3-7519-8477-5

INHALT

Für Elke

Neid ist Leid am Glück
und Freud am Pech anderer

Du liebst deine Neider und hasst, wen du beneidest.

Liebe an deinen Feinden ihren Hass und Neid!

Dem Mächtigen neidet man Schandtaten,
die er begeht, und nicht die Wohltaten,
die er vollbringen könnte.

Der Neid ist das einzige Lob, das dem Beneideten
mehr schmeichelt als dem Neider.

Mancher wird um sein Glück beneidet,
ist aber nur glücklich, weil er beneidet wird.

Ein Kunstgenuss beneidet den Künstler
und genießt die Qual, die es ihn kostet.

Die Suche nach dem, was keiner hat und je hatte,
kann Flucht vor dem Neid sein.

Nostalgie lebt von der Ahnung, daß man mit dem
bisschen, was man heute hat, wenigstens früher
beneidet worden wäre.

Was du mir neidest, das wünsch ich dir an den Hals.

Wo Leid zu Neid wird, beginnt Mord oder
Wettstreit, werden Empörer zu Emporkömmlingen.

Gut ist *Sozialneid*, der nicht die Konkurrenz belebt.

Neider und Hasser ersetzen
die beste Selbsterkenntnis.

Auf Beneidenswertes nicht neidisch zu werden,
kann auch eine Art sein, die Welt zu verfehlen.

Mitleid mit den Ärmeren und Schwächeren maskiert
gern Neid auf die Reicheren und Mächtigeren.

Du beneidest nur, wer etwas – aber eben nicht eine
ganze Klasse – besser ist als du.

Dünkel schützt nicht nur vor Neid und Dunkel.
Neidlos wird vor allem, wer sich überlegen dünkt.

Der *Dritte Stand* beneidet die Hungrigen der *Dritten
Welt* um ihre *authentischen Extremerfahrungen*.

Schadenfreude gilt als einziges Heilmittel gegen
Neid, und Neid auf Beneidenswertes schuf Recht.

Wer der Jugend ihre Weisheit neidet,
missgönnt auch Greisen ihre Kraft.

Es gibt sogar Eifersucht auf Betrogene, und groß ist,
wen man selbst um seine Fehler und Fiaskos,
Schwächen und Schulden beneidet.

Man bereichert sich an deinem Sozialneid.

Wir halten uns für gleich, um uns nicht zu beneiden,
und für ungleich, um uns nie überflügeln zu müssen.

Man gönnt sich selber den Neid,
der niemandem sonst nix gönnt.

Und was sagen andere?

„Neid ist eine Art Lob.“
(Dichter *John Gay, "Bettleroper")*

"Neid kriecht nicht in leere Scheuern." *(Sprichwort)*

„Viele Frauen beneiden ihren Mann,
weil er so glücklich verheiratet ist." *(Jean Rigaux)*

„Neid zeigt uns unsere Wünsche."
(Sozialwissenschaftlerin *Nadine Pomes)*

"Der Neid entdeckt jedes Verdienst zuerst
... Moralische Entrüstung? Zu oft Neid!"
(Emanuel Wertheimer)

"Der Hass ist ein fruchtbares, der Neid ein steriles
Laster." (*Marie von Ebner-Eschenbach / 1880)*

„Neid ist der Ärger über den Mangel an Gelegenheit
zur Schadenfreude." "Selbst falsches Glück erzeugt
echten Neid." *(Anonymus)*

„Um Neid ist keiner zu beneiden." (*Wilhelm Busch*)

„Wer nie beneidet wird, ist nicht beneidenswert."
(Politologe *Lothar Schmidt*)

Reklame : „Geiz ist geil" wie Ehrgeiz. Aber wer
„Neid" *googelt,* findet beinahe ausschließlich nega-
tive und pejorative Kommentare. Kaum jemand
macht sich zum Anwalt von *Scheelsucht.* Wo doch
sonst inzwischen fast alle christlichen oder humanis-

tischen „Tugenden" kritisch verteufelt und alle teuflischen „Laster" aufklärerisch verherrlicht werden! Schließlich würde jedermann lieber beneidet werden von dem, den er selber beneidet. (Und wer beneidet nicht den. der ihn beneidenswert findet?)

Bin ich "neidzerfressen", will ich das vermeintlich Gute haben (können, sein), was du hast (kannst, bist), oder will nur nicht, dass du es hast (kannst, bist), sondern eher **nur ich.** Wünsch ich dir vielleicht sogar Böses an den Hals in der Schadenfreude? Genügt es mir, dass du etwas Beneidenswertes nicht bekommst (kannst, bist) − oder will nur **auch ich** es haben (können, sein)? Oder soll **nur ich** es haben und du nicht − oder du sogar das schlechtere Gegenteil? Viele werden um vieles beneidet, aber was ist beneidenswert? Neid richtet sich zu mancher Zeit sogar auf Leid oder Mitleid.

Ich will auch reich und mächtig und schön und gut und klug und berühmt sein wie du − wenn nicht viel mehr als du − oder auch statt deiner. „Sozialer Vergleich" erzeugt Neid nach oben und Schadenfreude nach unten und oft auch Ressentiment : Ich werte vor mir und vor anderen ab, was ich nicht kriegen kann, und zwar nur, *weil* ich es nicht habe und doch zugleich liebend gern hätte. Der Ressentimentgeladene frisst bekanntlich sich selber auf, doch ist der Neid nicht auch eine konstruktivere Antriebskraft? Neidvoller Vergleich mit mehr oder weniger nahen Nachbarn weckt Rivalitätsenergie und Kampfgeist, wenn er nicht nur unproduktiv unterirdisch schwelt und sich an sich selbst vergiftet. Neid auf Naturbegabungen ist steriler als Neid auf Sozialerfolge.

Die Reichen und Mächtigen sprechen gern von „Sozialneid“ der materiell (oder geistig?) Minderbemittelten, wenn sie Sozialrevolutionen oder auch nur teure Reformen fürchten statt nur harmlose „Kulturrevolutionen“. Aber ist die Wut auf Sozialprivilegien (statt auf Naturprivilegien wie Naturtalente) wirklich niedriger *Sozialneid* der Niedrigerstehenden oder doch nur gerechter Ausdruck von Gerechtigkeitssinn? „Sozialgerecht“ handelt schließlich noch nicht sozial gerecht.

Neid ist der Wunsch, selber beneidet zu werden und den Beneideten um sein Beneidenswertes zu bringen (kann man ihn schon nicht selber umbringen). Ist es beneidenswert, nicht neidisch zu sein? Neid ist eine Missgunst, die nicht entwaffnet wird selbst durch den tröstlichen Gedanken, dass bislang ausnahmslos alle Menschen sterben müssen, nicht nur die Neider, und dass selbst der und das Beneidenswerteste einmal hinab muss in gar nicht so ferner Ferne.

Ist Neid im Grunde der Wunsch, Gott zu sein, also der, den alle beneiden, weil er als einziger keinen Grund hat, irgendjemand anderen zu beneiden? Ist „freigeistiger" A(nti)theismus ein destruktiver Neid auf ein Wesen, das man selber sein möchte, wenn man es töten und sich an seine Stelle setzen könnte? Kein Wesen um irgendetwas zu beneiden heißt, wunschlos glücklich sich für den Allmächtigen selbst zu halten?

Die Philosophen sind davon abgekommen, die einst so beliebten Tugend- und Lasterkataloge aufzustellen und begriffsanalytisch zu untersuchen. Die Tugenden ständig anzupreisen, ist so wertlos, wie es trivial und sinnlos scheint, die Laster immer neu zu verdammen. Moral gilt ewig, und Amor(al) gibt's ewig; der Rest ist nicht viel mehr als gesinnungsstarkes Morali(siere)n.

Eine Ausnahme war in letzter Zeit der Philosoph *Martin Seel* mit seiner „philosophischen Revue" : „111 Tugenden, 111 Laster" (Frankfurt/Main 2011, siehe Nr. 53 auf Seite 113). „Praktische Philosophie" der Neuzeit untersucht im Anschluss an Aristoteles lieber "gesellschaftliches Handeln" und interaktive Meta-Ethik als das oft mit Zeit und Ort wechselnde Hoch- und Unmoralische selber.

Die „europäischen Moralisten" waren keine Moralprediger und Moralapostel, sondern analysierten seit dem 17. Jahrhundert die „mores", also die Sitten und Gebräuche ihrer Epochen. Nicht jede Sitte ist ja deshalb schon sittlich. Und wie steht es mit dem Neid? Ist er nur der erzkapitalistische Wirtschaftsmotor? Die Moralisten entdeckten mehr Tugend im "Neidhammel" selber als in dessen "tugendterroristischen" Anklägern. Ihre Essays und Aphorismen sind jedenfalls beneidenswerter und lesbarer als die langweiligen Traktate der Neidverleider.

„Der Neid ist die aufrichtigste Form der Schmeichelei." (Politologe *Richard Wiggins*)

„Neid ist eigentlich Bewunderung: Lob, das anderen gilt und das sich selbst quält." *(Hans Lohberger)*

„Der Neid ist die Seele des überall florierenden, stillschweigend und ohne Verabredung zusammenkommenden Bundes der Mittelmäßigen gegen den einzelnen Ausgezeichneten in jeder Gattung ... Der Neid der Menschen zeigt an, wie unglücklich sie sich fühlen, und ihre beständige Aufmerksamkeit auf fremdes Tun und Lassen, wie sehr sie sich langweilen." („Moralist" *Arthur Schopenhauer*)

„Neid ist die Grundlage der Demokratie."
(Logiker *Bertrand Russell*)

„Neid : den bescheidensten Fähigkeiten angepasster Wetteifer." (amerik. Aphoristiker *Ambrose Bierce*)

„Neid ist die frevlerische Sorge um das Wohl deines Nachbarn." (Politiker *Ferdinand Lassalle*)

„Neid und Eifersucht sind die Schamteile der Seele … Neid vergleicht, setzt gleich, ist Bescheidenheit." (Philosoph *Friedrich Nietzsche*)

„Neid ist unglückliche Selbstbehauptung."
(Ur-Existenzialist *Sören Kierkegaard)*

„Der Neid ist unversöhnlicher als der Hass."
(Uraphoristiker *Larochefoucauld, 1667)*

„Der Neid der Gelehrten fördert die Wissenschaft."
(Talmud)

Es gibt auch Neid auf falsche Größe, auf Blender, Angeber, Schaumschläger, Hochstapler und Wich-

tigtuer, und vor wahrer Größe gibt es Neid, die sich
in Liebe retten muss, um nicht zu verzweifeln im
„Fegefeuer der Eitelkeiten". Dabei scheint Gefall-
sucht als **Neid auf Ruhm** den Neid auf Macht und
Besitz und andere Vermögen weit hinter sich zu
lassen, wie Psychologen herausgefunden haben
wollen. Man beneidet Bevorzugtere bevorzugt um
Ansehen und Aufsehen, Aufmerksamkeit und soci-
al-media-followers. Allerdings: Je mehr öffentliches
Ansehen, desto weniger persönliche Sympathien!
Die meisten beneiden Prahlhänse immerhin um ihr
Selbstvertrauen, nicht um ihre *Blague* selber. Der
Neid auf den ***homo glorians*** scheint so alt wie der
Mensch selber. Eigene Identität vergewissert sich im
Neid auf Obere und im Neid Unterer zugleich.

Der erfolgreichste Einbrecher wird mehr beneidet
als der bescheidenste und beste Gutmensch seiner
Zeit. Beneidenswert groß ist auch Kunst, die es
vermag, widerwillig bewundernden Neid zu erregen,
vor dem sich der geheime Konkurrent dann wenigstens in anerkannte Kennerschaft retten kann, im
allgemeinen „Fegefeuer der Eitelkeiten" : Ich kann
nicht Kunst, kann sie aber wenigstens als anerkannt
einziger Connaisseur von Kitsch unterscheiden und
muss die gefeierten Künstler deshalb nicht beneiden.

Benutz mich, damit du mir nutzt!

Lassen "Feminist(inn)en" sich noch nutzbringend verwenden oder irgendwie nutzbar machen, auch für sich selber? Oder dienen sie noch, aber nur als abschreckende Beispiele für unweibliche Abwege? "Nutzen" bedeutet: Vorteil, Gewinn, Profit, Ertrag. Aus der berufstätigen und erwerbswillig ehrgeizigen Gattin ist durchaus Nutzen zu ziehen, aber sie gewährt Nutzungsrechte nicht mehr gern. Das "Nützlichkeitsdenken" selber sollte im Zwischenmenschlichen nutzlos werden, sagt man. Ebenso könnte man umgekehrt vom himmlischen Nutzen jeder unnötigen Nutzlosigkeit sprechen.

Mann und Frau, voneinander emanzipiert, lassen einander inzwischen lieber ganz links liegen. Es steht nichts mehr zwischen ihnen, weil nichts mehr zwischen ihnen "ist", heißt es. Der einzige Nutzen einer wirklichen Salondame, die es nicht mehr gibt, besteht darin, vollendet nutzlos zu sein und zu scheinen in einer nützlich vernutzten Welt. Oder haben nur noch schwule He-Men etwas von und für "Dirnen", wie Frauen früher anspielungslos genannt wurden? Nun nix mehr mit herrlichen Herren und dämlichen Damen? Emanzipation begann mit den "Trümmerfrauen", denn Krieg ist auch der Vater aller jungen Dinger.

Kurz : Alles, was zu Mann und Frau gesagt werden kann, ist wohl wahr und zugleich Unsinn ...

Eine „Putzfrau", putzig neudeutsche „Raumkosmetikerin", ist gut zum Wohnungsputz. Es gibt heute nette „Netzfrauen" ohne Netzstrümpfe, doch „Nutzfrauen" gibt es spätestens seit *Simone de Beauvoirs* „Le deuxième sexe" (Paris, 1949) nicht mehr, falls es sie jemals gab außerhalb männlicher Haremsphantasien von allzeit allseits verfügbaren und einfallsreichen Bettgespielinnen - und überhaupt *weiblichem Menschenmaterial.* Das ist das Allzweckweib als Hausfrau, Gattin, Geliebte, Zuverdienerin, Kinderpädagogin, Krankenschwester, Privatpsychotherapeutin, Lebensgefährtin, Lebensabschnittspartnerin, Zuhörerin, Kameradschaftskumpel, seelischer Fußabtreter und Mülleimer ...

Nach dem (sexuell unaufgeklärten?) europäischen Chefaufklärer *Immanuel Kant* erteilen Ehegatten einander das etwas krude "Recht zur wechselseitigen Benutzung der Geschlechtsorgane". Der strenge

Moralphilosoph *Kant* fordert vom Menschen allerdings, den Mit- oder Gegenmenschen „nicht nur als Mittel", sondern immer auch als Zweck zu behandeln. Man könnte daraus umgekehrt fordern, jedermann jederzeit nicht nur als Selbstzweck zu behandeln, sondern immer auch als Mittel. Gibt *Kant* damit nicht den rechtsmoralischen Weg frei zur legitimen „Nutzfrau"? „Der Mann herrscht, die Frau regiert."

Wer wissen will, was Frauen sind und denken und wünschen oder nicht, was sie (nicht) müssen, dürfen, können oder wollen, sollte eher charmante Franzosen befragen als schwerfällige Deutsche. Die französische Literatur quillt über von geistreichen Bonmots zum Nutzen und Nachteil durch salonweiblichen Umgang. Wer Frauen selbst befragt, worin und wozu sie „gut" sind und sein wollen, stößt inzwischen allerdings auf erbitterte feministische Genderabwehr gegen Anbagger-Belästigung. „#MeToo" suggeriert, dass Frauen für diese *Schweinepriester* eher nutzlos als vergewaltigt sein wollen.

Die Frau galt einmal als unspezialisierte Allzweckwaffe im Existenzkampf des zum Fachidioten spezialisierten Mannes. Laut biblischen Schriften ist sie ihm als „Helferin" beigegeben und als solche sorgsamst zu pflegen. Die rechtsförmige Ehe und Familie gilt Zeitgenossen nicht mehr als sodomisierbare Nutztierhaltung, und wenn, dann mit streng einklagbaren Auflageregeln für Stallfütterung, Hege und Pflege. Das Weib soll(te) nicht mehr als „blöde Kuh" Kindermilch und Bettfleisch liefern oder als hündisch ergebenes Haustier („Pet-ting"?) und teuerkapriziöse Kostgängerin gehalten werden, auch nicht als streichelbares wie eigensinnig kratzbürstiges Schmusekätzchen für verwöhnte Herrenkater.

Früher sagte man dem Weibe eine *masochistische* Ader nach, die aber längst weggezüchtet oder überkompensiert scheint. „Nutzfrau" zum Niessnutz und Frommen ihrer (sowohl moralisch wie leistungspotent) *schlechteren Hälfte* gilt inzwischen als anzeigbares *Unwort* wie „Schwarzer" und „Neger".

Wenn es weder eine „Putzfrau" noch eine „Nutzfrau" mehr geben darf, wozu ist eine Frau aber dann noch gut? „Was will das Weib?", fragte selbst ein *Sigmund Freud* am Ende seines Lebens komisch verzweifelt. Laut *Kant* muss eine Frau sich benutzen lassen von einem Nutzer, den sie benutzen will und darf. „Nutzmann sucht Nutzfrau (oder umgekehrt) zwecks wechselseitiger Nutzanwendung" − bis beide ausgenutzt, vernutzt und abgenutzt als *Philemon*

und Baucis einst zu Lindenbäumen werden, falls sie
die Götter gastlich bewirten.

Kurz : Man muss sich von ausgesucht anderen gebrauchen und auch verbrauchen lassen, um sie guten
Gewissens und ungestraft benutzen und missbrauchen zu dürfen. *„Do ut des. "* Ich nütz dir, damit du
mir nützt, und auch der Kuchenfress-Dame nutzt es
nur, dass und wenn sie Herren und Kind(eskind)ern
nutzt. Es nützt nichts : Auch Frauen, die von (ihren)
Männern zu nichts mehr zu gebrauchen sind (et vice
versa), sind Nichtsnutze, die ihr Gnadenbrot voneinander essen müssen? Neue "unbenutzbare Nutzfrau-
en" nutzen ihre bisher ungenutzte Freiheit, sich am
Fliessband von Familienbanden zu emanzipieren.
Eine satyrnützliche Satire!

Der passionierte Radiokunde nimmt sich der Nutz- und
Einschleimstimmen von Radiosprecherinnen an. Nutzfee,
Nuttzmagd, Senderamazone : Schöne Stimmen des schönen Geschlechts als Waren, um Waren an den Mann und
die Frau zu bringen. Die sanften Verführerstimmen un-
sichtbarer Rundfunkfrauen hauchen ihm ihr verruchtes
"Follow me!" ins wehrlose Ohr. Der herausfordernd ero-
tische Sirenenklang im Dienste von Politik und Kapital
irritiert manchen besonders, und das Profitspiel mit der
akustischen „Vorlust" (Freud) potent(iell)er Kund(inn)en
brandmarkt mancher Hörer als infam und perfid.
Hat "Emanzipation" also nur die Ausweitung weiblicher
Prostitution auf den gesamten Arbeitsmarkt begünstigt?

Plädoyer für die utopische Hochrisikogruppe proletarischer Intellektueller
Riskante Risikoabwehr

Jeder Sterbliche gehört wohl zu mindestens einer „Risikogruppe" und derzeit nicht nur zur prominentesten Weltrisikogruppe der Weltvirusopfer und auch nicht zwingend zur *Restrisikogruppe* besonders gefährdeter Hochbetagter und/oder Vorerkrankter, von denen plötzlich die dauermediale Rede ist. Jeder Mensch zählt zur täglichen Verlustrisikogruppe der Todeskandidaten, aber nicht jedermann jederzeit in gleichem Wahrscheinlichkeitsausmaß. Arme, sozial Schwache und Benachteiligte gehörten schon immer zu viel mehr Hochrisikogruppen als Reiche, Mächtige und sonst Privilegierte. Die sozialen Gruppen/Schichten/Klassen unterscheiden sich auch nach Art und Grad ihrer Risiko-Expositionen in Fabriken und Büros, Villen und Baracken, Elendsquartieren und „gated communities".

Ein deutscher Zeitsoldat, der am Hindukusch Dienst tut, geht kein Risiko ein, weil er diesen Aufenthalt ja nicht frei gewählt hat, aber läuft doch hochexponiert

Gefahr, nicht nur nächstens erschossen zu werden, sondern auch von seiner emanzipierten Frau/ Freundin daheim nach Strich und Fädchen betrogen zu werden, was seine Kampfkraft sicher erhöht.

Jeder Autofahrer riskiert auf den Straßen bewusst die tägliche Möglichkeit, Mörder oder Mordopfer zu werden : Tatwerkzeug PKW. Es lauert überall neben jeder Gewinnchance ein dazugehöriges Verlustrisiko, sodass der renommierte Soziologe *Ulrich Beck* die moderne „Risikogesellschaft" kreierte, welche zu jeder technologischen Neuerung eine ständig nachzukontrollierende *Folgenrisikoabschätzung* von Expertenkommissionen verlangte, um den „gesellschaftlichen Fortschritt" (sprich: persönlichen Rückschritt) beherrschbar zu halten − und damit nicht jede Problemlösung schärfere Probleme schafft, als sie zu beseitigen verspricht.

Die soziale Unterschicht der Lohnabhängigen in den Fabriken riskiert täglich und weltweit auf allen Feldern (Gesundheit, Gratifikationen, Ansehen, Gerechtigkeit etc.) ungleich mehr als schon die vergleichsweise privilegierte Kleinbürgerschicht der Angestellten in den Büros. (Und unendlich mehr als die bearbeitete "Umwelt" selber.) Der Mittelstand ist Sklave der Oberschicht und darf dafür die Sklavenpeitsche über die gesichtslose Unterschicht schwingen. Die Obertanen leisten sich mittelständische Expertenkulturen und Managerheere, welche die Drecks- und Knochenarbeiten für sie dirigieren dürfen. Wie sind die „Risikogruppen" wohl zwischen Eliten und Mob, zwischen Adel und Pöbel verteilt?

Das medial unablässig heraufbeschworene Risiko einer („menschgemachten" und damit unterschiedslos alle Menschen betreffenden) globalen „Klimakatastrophe" und „Umweltzerstörung" z. B. soll nur ablenken von den Risiken, denen die Parias und Arbeitssklaven seit Anbeginn aller Hochkulturen tagtäglich ausgesetzt waren bis auf den heutigen Tag und St. Immerlein. Die ökonomische Frage war immer dringlich, die ökologische Frage ist nur aufdringlich. An der „sozialen Frage" allein ist in the long run bisher ausnahmslos eine jede Kultur und Gesellschaft gescheitert und schließlich zu Grunde gegangen – wovon unsere Wissenschaftler bis heute nicht viel wissen wollen.

Das Risiko, dass die *grüne Naturmutter* schlapp macht, wenn man sie weiterhin großchemisch „schändet", ist sicher verschwindend gering gegenüber dem Risiko, dass die menschliche Natur der industriellen Naturbearbeiter zerstört wird. Das herbeigeschriene grüne Risiko soll das stille rote Aufruhrrisiko ja nur verdrängt halten.

Die Welthöchstrisikogruppe aber scheint mir derzeit allgemein nur aus einem autonomen "Individuum" zu bestehen und im Besonderen aus dem proletarischen Individuum, das von allen Kollektiven (und Gegenkollektiven) gleichermaßen kolonisiert und bedroht ist. Der individualisierte Bürger riskiert seine Isolation, der einzelne Prolet läuft hingegen ständig Gefahr, in der Masse seiner Klasse verschwunden zu bleiben und zugleich von mächtigen gesellschaftlichen Interessengruppen und "Rackets" vereinnahmt, beansprucht, umworben, unterdrückt und ausgebeutet zu werden. Die unterste Klassengruppe riskiert es, ewig unten zu bleiben, solange sie sich nicht in ihren Individuen endlich einmal verfeinert − psychisch und intellektuell, autodidaktisch hochkulturell und künstlerisch. Das ist der erste Schritt zu einer *Sozialrevolution,* die diesen Namen verdienen würde und keine bildungsbürgerliche "Kulturrevolution" bleibt, die es riskiert, wie alles andere folgenlos im Sande zu verlaufen ...

Die Reichen und Mächtigen bilden eine Risikogruppe, weil sie ein permanentes Risiko sind für die

Geistreicheren und Schmächtigeren. Das grösste Risiko besteht immer darin, jedes zu meiden. Der proletarische Intellektuelle wäre ein Risikowagnis für sich und seine Gegner, die im Traum nicht mit ihm rechnen.
Proletarier aller Länder, verein-zelt euch!

Der unabhängige Einzelne, kein einmaliger Verein, ist das einzige vollkommene Ebenbild des Einen im Himmel und riskiert es lieber, im Bunde mit dem Allmächtigen alle Mächtigen zu distanzieren, als umgekehrt im Bunde mit seinen Herr(schaft)en den himmlischen HErrn herauszufordern. Die "Bible Left" enthält "im Namen des restaurierten Gesetzes" eine komplette monotheistische Sklavenselbstbefreiungstheorie, die weitaus weniger riskiert als jeder andere „Revolutionssozialismus“, ob nun links oder rechts. − Auch Proletarierinnen zählen zu den Höchstrisikogruppen, sofern sie teuflisch versucht sein könnten, sich hochriskant vom Familienband fürs Fließband und von Mann und Kind für Firmenchefs "feministisch zu emanzipieren".

Handarbeiter(innen) müssten ja Kopfarbeiter(innen) werden, sonst riskieren sie Verewigung des Althergebrachten.

Lug und Betrug als Volksbeglückung?

An dieser Stelle wollen wir nur jene Formen von Betrug verhandeln, die völlig legal und nicht justiziabel sind, wo es also um arglistige und heimtückische „Vermögensdelikte" geht, die nicht unbedingt ans Bankvermögen gehen, sondern eher das Aktions- und Denkvermögen nachhaltig (be)schädigen, ohne deshalb eingeklagt und oder auch nur zum anerkannten Thema öffentlicher Mediendebatten gemacht werden zu können. Solche Gaunerstücke ohne Gauner übertreffen durch angerichteten Dachschaden allen einsichtig zu machenden Sachschaden

Die *Tücke des Subjekts* ist dort eine Tücke des gesellschaftlichen Gesamtsubjekts, ohne nun einzelne Schuldige namhaft und dingfest machen zu können, ein schleichendes, langsam wirkendes und schwer nachweisbares Hochgift, welches inzwischen alles durchdrungen und kontaminiert hat und wie ein atmosphärisches Fluidum jedes Massenkommunikationsmedium moduliert : eine Verschwörung ohne Verschwörer, eine verschworene Gemeinschaft ohne gemeinen Schwur, eine Kollektivierung durch Atomisierung, eine Atomisierung durch Kollektivierung hindurch. Adorno und Horkheimer sprachen von "universellem Verblendungszusammenhang" der aufgeklärt technokratisch "verwalteten Welt". Die Entmythologisierung der Welt wurde zum (be)trügerischen Supermythos, der alle(s) verhext.

Dieser klandestine Lug und Betrug am Individuum geschieht tagtäglich unmerklich feindosiert, um sich die Unterwerfung der begeistert mitmachenden Opfer zu erschleichen, die sich dazu noch als selbstbestimmte und gesellschaftlich respektierte Subjekte und Rechtssubjekte fühlen dürfen. Auf solch manipulativen Dauermethoden auch nur kritisch hinzuweisen, kann leicht und überzeugend als typisch intellektuelle Paranoia abgetan werden.

Diese Methoden füllen den Werkzeugkasten einer medial vorherrschenden Ideologie, die als gesellschaftliche Wahrheit firmiert, während umgekehrt die vergleichsweise objektive Triftigkeit als bloß fixe Idee von überkandidelten Eierköpfen und gespenstersehenden Highbrow-Spinnern gern blamiert wird. Lebenslang und lebenslänglich nach Strich und Faden betrogen zu werden, leibhaftig wie kulturell, wird als stolze „Autonomie der Person" erlebbar gemacht.

Die gesamte „Popkultur" der Moderne (und der *Postmoderne,* welche mit den Versatzstücken aller Traditionsbestände nur noch unverbindlich kombinatorisch spielt) lässt sich zwanglos verstehen als Arsenal von mehr oder weniger raffiniert kaschierten *Trojanern,* von Schadstoff-Software, welche die psychomentale Festplatte des Einzelnen mit automatisierten Trashware-Programmen überschwemmen und verseuchen wie scheinheilige „Botnets", die als Nutzhelfer und Lustspender sich willig anbieten.

Das Spektrum der Popkultur ist weder einfach eine demokratisierte und popularisierte Version der bildungsbürgerlichen und als elitär verschrienen „Hochkultur" noch eine eigene kreative Hervorbringung des gemeinen Volkes – so wenig wie das *Volkslied* früherer Zeiten. Das Volk ist nicht „tümlich", wußte Brecht. Wie alle Volksmärchen letztlich Kunstmärchen der Gebildeten sind, so ist die populäre Popkultur nicht Kultur des Volkes, sondern kalkulierte Mittelstandskultur *für* das Volk und gegen das Volk, ohne dass die einstige Hochkultur nun die Standeskultur des Mittelstands geblieben wäre, sondern selber zur mesquinen Subkultur herabsank. Kultur wurde nicht demokratisch popularisiert, sondern schlicht vulgarisiert auf Comic- und Sprechblasenniveau von Reklamespots und elektronischen Gassenhauern.

Das spricht mehr gegen die begeisterten Leser_Innen als gegen die Autor(Inn)en von Trivialliteratur wie "Groschenromane", denn Autoren bedienen ja nur die gängigen Marktinteressen. Der Autor *Peter Handke* schrieb 1965 das noch hochaktuelle Schauspiel "Publikumsbeschimpfung". Trivialkunst und Popmusik "unterhaltsam" zu finden, ist eben keine individuelle Geschmackssache, wie immer herablassend "tolerant" gesagt wird, sondern das Fehlen von jedem entwickelteren Geschmack. Solch humane Kritik hingegen wird dann allzu gern als "elitäre Arroganz" abgetan. Hochkultur ist aber nachweislich viel unterhaltsamer als alles, was "nur unterhalten will". Der Sinn dafür setzt jedoch Musse und zweckfreie Bildung statt nur Berufausbildung voraus, also radikale Reduzierung der gesellschaftlich notwendigen allgemeinen Arbeitszeiten. (Dazu mein weiterführender Aufsatz „Industrialismus und Freiheit")

Es geht auch nicht um "heile Welt" in Realität oder literarischen Idyllen. Leser wären gegen sich selbst zu verteidigen, denn sie haben mehr verdient, als sich mit geistigen Lollipop-Drogen abspeisen zu lassen, nach denen sie süchtig sind. Autoren machen sich gern zu deren Dealern. Menschen gieren heute nach ihrer eigenen Selbsterniedrigung, denn im Grunde ahnt jeder, dass er kulturell unablässig ums Beste betrogen und mit poliertem Infantilschund abgefunden wird und dass ihm nicht mehr zugetraut wird, um ihn manipulierbar zu halten.

Literatur aber sollte den Leser sensibler und anspruchsvoller machen und auch (heraus)fordern und nicht in seinen bequemsten und primitivsten Vorlieben noch bestätigen. Dieser "menschenfreundliche" Dienst am Kunden ist im Grunde menschenverachtend, wo er gestresste Leute nur "zerstreuen" und wieder fit machen will für den nächsten Arbeitstag an Ausbeutung. Da siegt auch nicht "Gefühl über Verstand", sondern oft nur sentimentaler Kunstgewerbekitsch über trainierte Urteilskraft. Der Trivialautor beliefert seine Klientel mustergültig, scheint es : Das gerade ist in schärferen Augen aber ja das Fatale! Mit "Fantasy" z.B. wird Phantasie eher abgestumpft als gefördert. Das ist auch keine volksnaive Schreiberei, sondern eher gerissenes Handwerk.

Dass "breite Mehrheiten" nur solche Konfektionsware verlangen, spricht weniger gegen den Einzelnen als gegen den desolaten Zustand der Gesellschaft. Zeitgenossen müssen sich seelisch und geistig dauernd selbst verstümmeln und un(ter)entwickelt halten, um gesellschaftlich reibungsloser funktionieren und den ganzen Rummel mitmachen zu können – damit Kunst ihnen ja keine kritische Besinnungspause bieten kann. Den gern gefälligen Trivialproduzenten geben diese unmündigen Kundenwünsche eher Unrecht als Recht.

Ein zartes Bedürfnis nach qualitativ Anspruchsvollerem und Humanerem will erst geweckt und sorgfältig kultiviert werden, das bringt niemand von Natur aus mit auf die Welt. Popkunst ist nichts als barbarische Industriekultur für und gegen die Massen von Herdentieren, die sich so niemals in ihren Individuen verfeinern.

Und Rudel zerfleischen sich gegenseitig, wenn sie keine "Fremden" und Außenseiter mehr projektiv-paranoisch auszuschließen haben.

Der Industrialismus, der ja nur kapitalistisch rentabel ist, sollte langsam mal als bloßes geschichtliches Intermezzo betrachtet werden, das es geistig zu überwinden gilt, ohne in Agrarfeudalismus (oder "Sozialismus") zurückzufallen. Wohin der Industrialismus ohne Kapitalismus führt, zeigten die Sozia-

lismen jeder Spielart. Tendenziell funktioniert nur
der vollentwickelte Kapitalismus und kein Schwellenland. Und das Füllhorn des Industriekapitalismus
ist nicht zu haben, ohne die Büchse der Pandora zu
sein. Gibt es einen Weg auch nur zur "Teflonbratpfanne" ohne Tor zur Atomrakete? Das Entsetzliche
ist da fairer Marktpreis des Hocherwünschten.

Das ist die Hardware : "It's the economy, stupid!"
(Bill Clinton, 1992) Die Software dazu ist das kulturkritische bis satirische Gezeter über die humanen
Betriebskosten des Ganzen, wenn man auf die
suchtgewohnten Segnungen nicht verzichten will :
Nichts als Feuilleton und Psychoventile, Mückenstiche, die den kapitalen Elefanten nicht jucken. Alle
mehr oder weniger satirische Kultur- und Sozialkritik, die man immer unverdrossen versucht, scheren
das Kapital wenig und müssen es nicht kümmern.
Das ist Kontemplation oder Entertainment gegen
Langeweile und in jedem Fall nur wirkungsloses
preaching to the saved.
Betrug: Dass die Welt den ewigen Industriefortschritt zwingend braucht, dürfte nichts sein als erpresserische Ideologie, denn die meisten heute produzierten Waren sind so sinnlos und schädlich wie
die dazu erforderlichen Arbeiten und Machtstrukturen, ohne doch Elend wirklich zu beseitigen.

Die Politiker und Medienschaffenden, auf die gern alles geschoben wird, sind auch nur getriebene Agenten abstrakter Strukturen. Natürlich können sie aufbegehren, werden aber dann sofort vom Karussell geschleudert. Selbst das Kapital braucht heute neben angestellten Managern keine Kapitalisten mehr. Diese von Menschen ersonnene geniale Megamaschine handelt rascher und autonomer als wir, modernisiert sich selber durch permanente Krisen hindurch und behandelt uns rentabel. Man muss nicht mitmachen, geht dann aber aller Prämien verlustig.

Wer, der einen noch so schmalen Sozialstaat zu verlieren hat, riskiert da Aufstand? "Sozialrevolutionen" sind veraltet und ersetzt durch blosse "Kulturrrevolutionen". So bereiten etwa die "Umweltbewegungen" nur neuen "digitalen" Technologieschub vor, und die "Frauenbewegungen" bedienen lediglich den Arbeitsmarkt. − Der linke Sozialwissenschaftler Wolfgang Pohrt z.B. sah schon zur Mitte der Achtziger Jahre in den hiesigen neutralistischen "Friedensbewegungen" nur eine neue alte "nationale Erweckungsbewegung". Die "soziale Frage" hat die sozialistischen Antworten offenbar nur überlebt, um nun von "Umweltproblemen" erfolgreich verdrängt gehalten werden zu können. Das Grüne soll vom

Roten ja nur "wertkonservativ" ablenken, das Wetterklima vom Industriebetriebsklima. "Bewahrung der Natur", aber wohl nicht vor einer nächsten Industriedigitalisierung?

Jeder macht sich so zum betrogenen Betrüger, Nutzniesser und Komplize zugleich. Nur die Reichen werden immer reicher und die Armen immer ärmer. Die Reichen wurden im letzten Jahrzehnt doppelt so reich, die Habenichtse auch − das nennt sich sozial gerecht oder sozialgerecht und ist nicht justiziabel. Allein das Kapital selber samt Vollziehern ist permanent revolutionär und progressiv, und machen "kritische Kulturschaffende" mehr als dessen Pausenclowns?

Vom Viehhirten über Viehzüchter
zum Stimmvieh – *Landbau oder Bauland?*

Deutsches Spruchgut:

„Bauer und Schweine haben immer
etwas zu grunzen."
"In einem trockenen Sommer verdirbt kein Bauer."
"Der Herrgott macht die Ernte
und der Bauer die Preise."
"Bürger und Bauer scheidet nichts als die Mauer."
"Ein Bauer bekommt leichter eine Frau
als eine Kuh."
"Der Bauer wünscht sich Regen,
der Wandersmann Sonnenschein."
"Wer einen Bauern betrügen will,
muss einen Bauern mitbringen."
"Die Bauern sind wie das liebe Vieh." (M. Luther)
"Ein Bauer ist an Ochsen statt,
nur dass er keine Hörner hat." (altpreußisch)
"Der Bauer ist auch ein Mensch – so zu sagen."
(Fr. Schiller, "Wallenstein")
"Zehn Ochsen und ein Bauer sind zwölf Stück
Rindvieh." (Eduard Mörike)

"Wenn der Bauer wird ein Edelmann,
guckt er den Pflug mit Brillen an."
("Griechen-Müller")
"Was der Bauer nicht frisst, das kennt er."
(Nikolaus Cybinski)
"Großeltern : Bauer. Eltern : Landwirt.
Enkel : Agrar-Ökonom." (Willy Meurer)

"Im Märzen der Bauer ..." den Traktor anwirft.
Bauernhof zwischen Königshof und Hinterhof, der
Vollerwerbslandwirt über Landarbeiter unterm Feudalritter und "Pfeffersack", nitratverseuchte Bodennutzungsverordnung, Glyphosatskandal mit Dioxinfutter, genmanipulierter Preiskampf mit Nahrungsmittelkonzernen, Massendiscountern und anderen *Billigheimern*, Überlebenskampf von anbauspezialisierten Kleinbauernbetrieben, nun Gülleverordnung, *Nährstand* als *Wehrstand* gegen großstädtischen *Lehrstand*, Freibauern und Zinsbauern, Dorfgenosse der Urproduktion, Diplomlandwirt, reicher Biobauer, armer Milchbauer, Bauernrepublik, Bauernpartei, Bauerntanz, Bauernkriege, Bauernfängerei, vom Bauerntrampel zum Agrar-Ingenieur ...

Wenn der Hahn kräht auf dem Mist,
der Bauer auf der Bäuerin ist
und zieht auf seinem Acker

Furch´ um Furche wacker
noch als alter K(n)acker
und kalter Bauer.

Gesunder Stallgeruch contra Feinstaub-Smog, rühr-
selige Landschaft oder unberührte Vaterlandwirt-
schaft, Schädlingsresistenz oder nur Antibiotika-
Resistenz? Der Landwirt mit mehr PS als Ackergäu-
len wurde zum Gastwirt bauernschlauer Ferienstäd-
ter. Die Metropole ist der Alptraum des erdverbun-
denen Bauern, das Landleben der Wunschtraum des
feinen Großstadtpinkels. Stadtfrust abonniert sich
Zeitschriften wie „Grüne Landlust“, doch wer den
authentischen Landwirt kennenlernen will, liest
besser *Emile Zolas* „La Terre“ : Landleben als Hölle
auf Erden.

Rustikale Ursprünglichkeit gegen bodenversiegelte
Urbanität, Ackerkrume contra Betongold, Linden-
baum wider Schlagbaum? Edle Freilandhühner cont-
ra ekle Legebatterien oder dumme Bauerntrampel
gegen geschliffene Salonbauern? Der Acker des
Kleinbuergers ist der eigene Schrebergarten samt
Mentalität, das Hofbräuhaus des Bauern ist die
Dorfschenke. Der Mercedes-S des armgeredeten
Gummistiefelbauern ist so sprichwörtlich wie das
Bio-Fahrrad des überkandidelten Großstädters, aber

die Ackerfurche wurde zu einem Milliarden-Sub-
ventionsgrab : Die Stadt ernährt längst das Land.

Die Wahrheit des stolzen Bauernstandes ist der arme
Landarbeiter ohne eigene Scholle, und der *Land-
wirtschaftsgehilfe* ist vom Vollbauern abhängiger als
der Agrar-Ökonom vom Wetter(dienst). Die "soziale
Frage" stellt sich ja anders in Vaterstadt und Vater-
land. *Agrarindustrie* hat mit Bauernromantik so
wenig zu tun wie Fabriklunge mit Atemluft. Das
Brot kommt aus Brotfabriken, statt auf Bäumen zu
wachsen, und der Schweinebraten aus Tierfabriken
statt aus der Hosenstallwärme. Kuharsch-Methan
wurde zum Klimakiller, und schon der großbürger-
lich denkende Bürgerschreck *Karl Marx* sprach von
der „Idiotie des Landlebens". „Landluft macht frei"
von aller Kultur.

1786 antwortete Immanuel **Kant** auf *Herders* "Ideen
zur Philosophie der Geschichte der Menschheit"
(1785) mit seinen "Mutmaßungen zum Anfang des
Menschengeschlechts" :

»So lange nun noch die nomadischen Hirtenvölker,
welche allein Gott für ihren Herrn erkennen, die
Städtebewohner und Ackerleute, welche einen Menschen (Obrigkeit) zum Herrn haben (Genesis VI,4),

umschwärmten, und als abgesagte Feinde alles Landeigentums diese anfeindeten und von diesen wieder angefeindet wurden, war zwar kontinuierlicher Krieg zwischen beiden, wenigstens unaufhörliche Kriegsgefahr, und beiderseitige Völker konnten daher im Inneren wenigstens des unschätzbaren Guts der Freiheit froh werden – (denn Kriegsgefahr ist auch jetzt noch das einzige, was den Despotismus mäßigt; ...« – »Das Hirtenleben ist nicht allein gemächlich, sondern gibt auch, weil es in einem weit und breit unbewohnten Boden an Futter nicht mangeln kann, den sichersten Unterhalt ... So konnte der Ackersmann den Hirten als vom Himmel mehr begünstigt zu beneiden scheinen (1. Mose 3,4).«

In einer Fußnote erläutert Kant das freie „patriarchalische“ Verhältnis des Wüstenscheichs zu den nomadischen Beduinen : »Dieser ist keineswegs Herr über sie, und kann nach seinem Kopfe keine Gewalt an ihnen ausüben. Denn in einem Hirtenvolke, da niemand liegendes Eigentum hat, welches er zurücklassen musste, kann jede Familie, der es da missfällt, sich sehr leicht vom Stamme absondern, um einen ändern zu verstärken.«

Der Nomade Abel war von Gott nicht favorisiert, weil er von Bauer Kain erschlagen wurde, sondern wurde umgekehrt von Kain erschlagen, weil er als Nomade Gottes Günstling war. Noch bei *Jeshua ben Joseph* klingt etwas davon nach: »Sehet die Vögel im Himmel an, sie säen nicht, sie ernten nicht und sammeln nicht in die Scheunen; und der himmlische Vater nähret sie doch. Seid ihr denn nicht viel mehr als sie?« (Mt. 6,26) Die beiden Söhne des Urelternpaares: Der HErr zog das Opfer des Wanderhirten (!) Abel dem Opfer des Bauern (!) Kain vor, verschonte aber den erstgeborenen Brudermörder, der es für Ihn getan hatte. Wir alle stammen ab vom Brudermörder Kain, nicht vom gottwohlgefälligen Nomaden Abel (hebr. : „Hauch", „schwach").

Als der Steinzeitmensch noch gemächlich seiner Herde folgte, noch kein einziger Getreidehalm angebaut war, noch niemand ein abgestecktes Stück Land dem Weltschöpfer geklaut und kriegstreibend für sich allein beansprucht hatte, als die Gesellschaft nicht viel größer war als ein freiwillig lockerer Verband von Großfamilien und Sippen in der Steppe, als die Machthierarchien nicht viel steiler waren als die zwischen Mann und Frau und Kind(eskind)ern, als der Unterschied von Mensch und Landschaft noch kein Unterschied von Stadt und Landwirtschaft war, nannte die Bibel diesen Zustand den *Garten Eden*, das Paradies, aus dem der Nomade sich selber vertrieb, als er vom *Baum der Erkenntnis* aß – der Erkenntnis nämlich, wie Gottes Schöpfung am besten erschöpfend zu missbrauchen wäre als bloßer Rohstoff für bessere Schöpfungen dieser sesshaften Übermenschen. Die christliche *Erbsünde* hat ihren rationalen Kern in diesem selbstverschuldeten Fall der nomadischen Jäger, Hirten, Fischer und Sammler in die gottverfluchte Welt der feudal sich organisierenden sesshaften Ackerbauern und Viehzüchter.

„Als Adam grub und Eva spann, wo war denn da der Edelmann?" Wenn wir nicht ganz so weit zurückschauen, entsteht ein Erbadel erst seit Beginn der Landwirtschaft gegen Landschaften, in der neolithischen Revolution vor rund 10.000 Jahren. Ackerbau,

Viehzucht und Grundbesitz siegten über Jahrhunderttausende von relativ egalitärem Nomadentum. Der in der Erde herumwühlende sesshafte Bauer vertrieb die vagabundierend müßiggehenden Hirten, Fischer und Sammler und schuftete für vornehmere Lehnsherrn. Der *Adel der Menschheit* verschlimmbesserte Gottes Schöpfung, indem er sie zum bloßen Rohstoff eigener Schöpfungen machte. Die Lords wissen es immer besser als der LORD …

Hegel-Zitate : Jugend und Reife

Zum *Jüngling* reift der Knabe, indem beim Eintritt
der Pubertät das Leben der *Gattung* in ihm sich zu
regen und Befriedigung zu suchen beginnt. Der Jüngling wendet sich überhaupt dem substantiellen Allgemeinen zu; sein Ideal erscheint ihm nicht mehr, wie
dem Knaben, in der Person eines Mannes, sondern
wird von ihm als ein von solcher Einzelheit unabhän-
giges Allgemeines aufgefaßt. Dies Ideal hat aber im
Jüngling noch eine mehr oder weniger subjektive Gestalt, möge dasselbe als Ideal der Liebe und der
Freundschaft oder eines allgemeinen Weltzustandes in
ihm leben! In dieser Subjektivität des substantiellen
Inhalts solchen Ideals liegt nicht nur dessen Gegen-
satz gegen die vorhandene Welt, sondern auch der
Trieb, durch Verwirklichung des Ideals diesen Gegen-
satz aufzuheben. Der Inhalt des Ideals flößt dem
Jüngling das Gefühl der Tatkraft ein; daher wähnt
dieser sich berufen und befähigt, die Welt umzugestal-
ten oder wenigstens die ihm aus den Fugen gekommen
scheinende Welt wieder einzurichten. Daß das in seinem Ideal enthaltene substantielle Allgemeine, seinem Wesen nach, in der Welt bereits zur Entwicklung
und Verwirklichung gelangt ist, wird vom schwärmen-
den Geiste des Jünglings nicht eingesehen. Ihm scheint
die Verwirklichung jenes Allgemeinen ein Abfall von
demselben. Deshalb fühlt er sowohl sein Ideal als seine
eigene Persönlichkeit von der Welt nicht anerkannt. So
wird der Friede, in welchem das Kind mit der Welt
lebt, vom Jüngling gebrochen. Wegen dieser Rich-
tung auf das Ideale hat die Jugend den Schein eines

edleren Sinnes und größerer Uneigennützigkeit, als sich in dem für seine besonderen, zeitlichen Interessen sorgenden Manne zeigt. Dagegen muß aber bemerklich gemacht werden, daß der Mann nicht mehr in seinen besonderen Trieben und subjektiven Ansichten befangen und nur mit seiner persönlichen Ausbildung beschäftigt ist, sondern sich in die Vernunft der Wirklichkeit versenkt hat und für die Welt tätig sich erweist. Zu diesem Ziele kommt der Jüngling notwendig. Sein unmittelbarer Zweck ist der, sich zu bilden, um sich zur Verwirklichung seiner Ideale zu befähigen. In dem Versuch dieser Verwirklichung wird er zum Mann.

Anfangs kann dem Jünglinge der Übergang aus seinem idealen Leben in die bürgerliche Gesellschaft als ein schmerzhafter Übergang ins Philisterleben erscheinen. Bis dahin nur mit allgemeinen Gegenständen beschäftigt und bloß für sich selber arbeitend, soll der zum Manne werdende Jüngling, indem er ins praktische Leben tritt, für andere tätig sein und sich mit Einzelheiten befassen. So sehr dies nun in der Natur der Sache liegt − da, wenn gehandelt werden soll, zum *Einzelnen* fortgegangen werden muß −, so kann dem Menschen die beginnende Beschäftigung mit Einzelheiten doch sehr peinlich sein und die Unmöglichkeit einer unmittelbaren Verwirklichung seiner Ideale ihn hypochondrisch machen. Dieser Hypochondrie, wie unscheinbar sie auch bei vielen sein mag, entgeht nicht leicht jemand. Je später der Mensch von ihr befallen wird, desto bedenklicher sind ihre Symptome. Bei schwachen Naturen kann sich dieselbe durch das ganze Leben hindurchziehen. In dieser krankhaften Stimmung will der Mensch seine Subjektivität nicht aufgeben, vermag den Widerwillen gegen die

Wirklichkeit nicht zu überwinden und befindet sich eben dadurch in dem Zustande relativer Unfähigkeit, die leicht zu einer wirklichen Unfähigkeit wird. Will daher der Mensch nicht untergehen, so muß er die Welt als eine selbständige, im wesentlichen *fertige* anerkennen, die von derselben ihm gestellten Bedingungen annehmen und ihrer Sprödigkeit dasjenige abringen, was er für sich selber haben will. Zu dieser Fügsamkeit glaubt sich der Mensch in der Regel nur aus *Not* verstehen zu müssen. In Wahrheit aber muß diese Einheit mit der Welt nicht als ein Verhältnis der Not, sondern als das vernünftige Verhältnis erkannt werden. Das Vernünftige, Göttliche besitzt die absolute Macht, sich zu verwirklichen, und hat sich von jeher vollbracht; es ist nicht so ohnmächtig, daß es erst auf den Beginn seiner Verwirklichung warten müßte. Die Welt ist diese Verwirklichung der göttlichen Vernunft; nur auf ihrer Oberfläche herrscht das Spiel vernunftloser Zufälle. Sie kann daher wenigstens mit ebensoviel und wohl noch mit größerem Rechte als das zum Manne werdende Individuum die Prätention machen, für fertig urid selbständig zu gelten, und der *Mann* handelt deshalb ganz vernünftig, indem er den Plan einer gänzlichen Umgestaltung der Welt aufgibt und seine persönlichen Zwecke, Leidenschaften und Interessen nur in seiner Anschließung an die Welt zu verwirklichen strebt. Auch so bleibt ihm Raum zu ehrenvoller, weitgreifender und schöpferischer Tätigkeit übrig. Denn obgleich die Welt als im wesentlichen fertig anerkannt werden muß, so ist sie doch kein Totes, kein absolut Ruhendes, sondern, wie der Lebensprozeß, ein sich immer von neuem Hervorbringendes, ein – indem es sich nur erhält – zugleich Fortschreitendes. In dieser erhaltenden Hervorbringung und Weiterführung der Welt besteht die Arbeit des Mannes. Wir können daher einerseits sagen, daß der Mann nur das hervorbringt, was schon da ist. Andererseits muß jedoch durch seine Tätigkeit auch ein Fortschritt bewirkt werden. Aber das Fortrücken der Welt geschieht nur in ungeheuren Massen und fällt erst in einer großen Summe des Hervorgebrachten auf. Wenn der Mann nach fünfzigjähriger Arbeit auf seine Vergangenheit zurückblickt, wird er das Fortschreiten schon erkennen. Diese Erkenntnis sowie die Einsicht in die Vernünftigkeit der Welt befreit ihn von der Trauer über die Zerstörung seiner Ideale. Was in diesen Idealen *wahr* ist, erhält sich in der praktischen Tätigkeit; nur das Unwahre, die leeren Abstraktionen muß sich der Mann abarbeiten. Der Umfang und die Art seines Geschäfts kann sehr verschieden sein; aber das Substantielle ist in allen menschlichen Geschäften dasselbe, – nämlich das Rechtliche, das Sittliche und das Religiöse. Die Menschen können daher in allen Sphären ihrer praktischen Tätigkeit Befriedigung und Ehre finden, wenn sie überall dasjenige leisten, was in der besonderen Sphäre, welcher sie durch Zufall, äußerliche Notwendigkeit oder freie Wahl angehören, mit Recht von ihnen gefordert wird. Dazu ist vor allen Dingen notwendig, daß die Bildung des zum Manne werdenden Jünglings vollendet sei, daß derselbe ausstudiert habe, und zweitens, daß er sich entschließe, selber für seine Subsistenz dadurch zu sorgen, daß er für andere tätig zu werden beginnt. Die bloße Bildung macht ihn noch nicht zu einem vollkommen fertigen Menschen; dies wird er erst durch die eigene verständige Sorge für seine zeitlichen Interessen; gleichwie auch Völker erst dann als mündig erscheinen, wenn sie es dahin gebracht haben, von der Wahrnehmung ihrer materiellen und geistigen Interessen nicht durch eine sogenannte väterliche Regierung ausgeschlossen zu sein. Indem nun der Mann ins praktische Leben übergeht, kann er wohl über den Zustand der Welt verdrießlich und grämlich sein und die Hoffnung auf ein Besserwerden desselben verlieren; trotz dessen haust er sich aber in die objektiven Verhältnisse ein und lebt in der Gewohnheit an dieselben und an seine Geschäfte. Die Gegenstände, mit welchen er sich zu beschäftigen hat, sind zwar einzelne, wechselnde, in ihrer Eigentümlichkeit mehr oder weniger neue. Zugleich aber haben diese Einzelheiten ein Allgemeines, eine Regel, etwas Gesetzmäßiges in sich. Je länger der Mann nun in seinem Geschäfte tätig ist, desto mehr hebt sich ihm dies Allgemeine aus allen Besonderheiten heraus. Dadurch kommt er dahin, in seinem Fache völlig zu Hause zu sein, sich in seine Bestimmung vollkommen einzuleben. Das Wesentliche in allen Gegenständen seines Geschäfts ist ihm dann ganz geläufig und nur das Individuelle, Unwesentliche kann mitunter etwas für ihn Neues enthalten. Gerade dadurch aber, daß seine Tätigkeit seinem Geschäfte so vollkommen *gemäß* geworden ist, daß dieselbe an ihren Objekten keinen Widerstand mehr findet, − gerade durch dies vollendete Ausgebildetsein seiner Tätigkeit *erlischt* die Lebendigkeit derselben; denn zugleich mit dem Gegensatze des Subjekts und des Objekts verschwindet das Interesse des ersteren an dem letzteren. So wird der Mann durch die Gewohnheit des geistigen Lebens; ebenso wie durch das Sichabstumpfen der Tätigkeit seines physischen Organismus zum *Greise*.

Jean-Paul Sartre : „Tagebücher"
(Hamburg 1984)

"Ich denke mit den Augen." "Ich kann nicht besiegt werden; ich kann mich nur für besiegt erklären." Die Welt an sich sei ein "dicker (süßer) Kinder-)Brei". "Die Dinge sind Hexen." "So zwingen mich die Kumpane, frei zu sein." "Und ich räume ein, daß es in meinem gegenwärtigen Denken einen Hauch von Faschismus gibt (die Geschichtlichkeit, das In-der-Welt-sein, alles, was den Menschen an seine Zeit fesselt, alles, was ihn Wurzeln in seiner Erde, in seiner Situation schlagen läßt. Aber ich hasse den Faschismus und benutze ihn hier nur als die Prise Salz, die man an den Kuchen tut, damit er süßer wirkt." „Existieren, sich einmal in die Welt zu werfen, durch eine Öffnung nur aus Nichts ... Gewiß ist das Arschloch das lebendigste aller Löcher." "Eine meiner ältesten Erinnerungen : meine Großmutter, die die Arme zum Himmel hebt, weil sie mich in einem Hotelzimmer in Seeligsberg dabei ertappt, wie ich einer gleichaltrigen kleinen Schweizerin einen Einlauf mache ... es ist die Lust, in ein Loch einzudringen ... präsexuell ... Die Welt ist ein Reich von Löchern ... Das Loch ist in erster Linie, was nichts ist. Diese nichtende Funktion des Lochs ... in jedem Loch will man den Boden finden – da es Ränder hat –, aber andererseits ist das Nichts ein Unendliches, da es nur durch sich selbst begrenzt sein kann. Es gibt demnach eine Anziehungskraft des Nichts, eine zweideutige ... Daher das Versteckspiel ... sich schützen, indem man sich vernichtet, sich ins Unsichtbare verkriecht. Das Nichts des Lochs ist somit Nichts des Menschen, es ist sowohl Tod wie Freiheit, Negation des Gesellschaftlichen ... Und dieses Nichts zieht in das hinein, was man Schwindel nennt. Der Abgrund ist Loch, er stellt das Verschlungenwerden in Aussicht, Und das Verschlungenwerden zieht immer an als Nichtung, die ihre eigene Begründung wäre." "Es schien, als sei mit Heidegger die Philosophie wieder in ihre Kindheit zurückgefallen ... " Einen Philosophen verstehen heiße, unter seiner Inspiration ein Buch zu schreiben, und sei es gegen ihn. "Kurz, sobald Pierre und seine Frau ein Ganzes bilden, ist der einzige unitarische Negationsmodus, der dieses Ganze nichten wird, ohne es zu zerstören (Scheidung ...) Die Abwesenheit ... sie selbst ist ein Typus spezieller Einheit zwischen Pierre und seiner Frau." "Also heißt von jemanden geliebt werden wollen, nicht ihm ein schmeichelhaftes Bild von sich selbst zu geben versuchen, sondern im Schoß seiner Freiheit in Sicherheit existieren." „Wir wollen mit der Existenz beglücken, nicht mit Verdienst. Das ist der Kern der Liebesfreude : sich berechtigt fühlen zu existieren ... das Wesen, das uns liebt, nimmt uns in sich auf, und wir stecken unseren Kopf in seinen Schoß wie der Vogel Strauß den seinen in den Sand." "Und ich denke heute, daß das, was mich schon in meiner Kindheit an diesem (Liebes-)Geständnis faszinierte, die verhexte Freiheit war, der es entspringt." Sartre spricht von seinem Kopf und „goldenen Hirn" als von einem "Operationssaal". Seine Originalitäten von

heute betrachtete er als Gemeingut von morgen. Er konnte sie leichten Herzens be- und verurteilen lassen, weil er in Gedanken immer schon darüber hinaus war. "Und so bin ich selber, glaube ich, trotz meiner Häßlichkeit, Frau-Mann, zumindest bei meinen Hauptbeschäftigungen. Aber die anderen Männer sind ganz draußen ... sie vergessen sich völlig, es sind Rechner. Diese langweilen und irritieren mich; ich fliehe sie, und lange Zeit − solange ich jung war − schmeichelte ich mir, gegen sie der Komplize der Frauen zu sein." "Ich mag eben Männer nicht." "In einer Bande leben, das reizte mich plötzlich ... mit Entsetzen habe ich in Berlin gesehen, wie sehr die Deutschen diese Art Simultaneität genießen." Männer "bemühen sich um mich, und ich erdulde sie." "Nicht, daß ich den Scharfsinn ihres Urteils fürchtete, aber sie waren eher schöne Frauen aus Marmor, die meine Begierde nicht weckten. Nur Sinnenrausch und die freiwillige Versklavung des verliebten Bewußtseins zogen mich an. Kurz, für mich existierte eine Hälfte der Menschheit kaum. Die andere − nun, ich muß gestehen, die andere ist mein einziges, mein ständiges Anliegen. Nur die Gesellschaft von Frauen bereitet mir Vergnügen, nur für Frauen hege ich Achtung, Zärtlichkeit, Freundschaft. Ich würde keinen Fuß vor den anderen setzen, um Faulkner zu treffen, aber ich würde eine lange Reise machen, um Rosamond Lehmann kennenzulernen ... auf den Knieen würde ich hinrutschen! ...
J'aime les femmes à la folie ..."

Kosten wagen, wo Wagen nur kosten?
"Was kost' die Welt?" – „Wer kost sein Geld?"

Ein Wagen heisst heut PKW?
Achnee, achweh, das ist der Schnee
von gestern, will ich lieber lästern
und nie mit Krach die Luft verpestern.

Die einen, ja, sie rasten
in and're, die nur rasten
und nie vorüberhasten.
Hast du was auf'm Kasten,
erspar dir solche Lasten,
kauf dir keine neuen Kisten,
die wir doch nie vermissten,
auf die wir stolz nur pissten.

Wagen wir es ohne Wagen
aus den Werbungssagen!
Sonst geht es allen an den Kragen
und drückt uns auf den Magen
in allen fernern Lebenslagen,
hör ich die Opfer klagen.

Lieber eig'ne Kräfte wagen
ohne Zittern, ohne Zagen,

als diese Personalkraftwagen,
die letzte der modernen Plagen!
Man kann es vertagen,
doch nie sich vertragen.
Noch Fragen?

Ach ja, was bar aller Kosten,
will jeder gern verkosten,
doch kostbar an der Kostbar
ist, was nur ein Künstler machen kann
(am geringsten kostbar dann,
wenn's nur Ein Gott erschaffen kann?)

Die Wagen, sie kosten,
bevor sie verrosten;
lieber wollen wir versagen
als solche Kosten wagen.

Wir leben stets in "Kasten"
(sagt kein Fernsehkasten)
und nun auch noch in Kästen,
die unser Leben kosten?

Die einen verprassten,
was die andern verpassten
mit Lasten und mit Fasten,
und die von allem kosten,
die tragen keine Kosten.

Zitronen in der Druckerpresse

Tagesschreiber,
Zeitungsweiber.
Banane, Zitrone,
Anner Ecke steht'n Mann,
Der quatscht die Weiber an,
Und zieht'se ins Verlagshaus
Und zieht'se nackicht aus:
Ist das der Journalist
(oder der *Karl Kraus)*
Mit seiner Hinterlist
Auf seinem Zeitungsmist?

Zitronen und Limetten
Zieh'n Weiber in die Betten,
Limetten und Zitronen
Vertreiben die Dämonen
Mit druckerschwarz Patronen?
Ist das Kraus' "Zeitungsphrase"
In ihrer *Filterblase*?

Zitronen sind sauer
Auf Bürger und Bauer
Und machen nie schlauer.
Gibt bitterer Zitronenensaft
Dir Leidenschaft und Geisteskraft
Ohne grosse Wissenschaft?

Druckerpresse,
Muckerfresse,
Eintagsfliegen,
Eintragslügen?
Die Wahrheit der Zeitung
Ist ihre Verbreitung.

Schreibt dem reichen Werbekunde
nur nach seinem teuren Munde,
Schreibt nur euer Foul
Mit Zitrone faul im Maul!
Aber doch nicht jeder
Verkauft die feile Feder
Und zieht damit vom Leder?

Schreibt mal ein Verlagshaus
Auch über einen Tag raus
Wie jener eine Wiener *Kraus*?
Wo liest der Arme seine Wahrheit
Mal in aller geistesreichen Klarheit?

Schielt auch die *Viert' Gewalt*
Bald mehr auf *das* Gehalt
Als nur auf *den* Gehalt
In schönster Druckgestalt?

Was manche Leut' sich leisten,
Das fesselt alle Leut' am meisten.
Und wenn es sehr pressiert
Und doch nicht viel passiert?

Die Presse presst ihr Geld
Aus weiter großer Welt,
Und zum Judaslohne
Gewinnt sie die Zitrone
Und träufelt sich am Engeltisch
Den Saft auf ihren Angelfisch.

Die Wahrheit aller Presse
Ist nicht die grosse Fresse,
Sondern teures Inserat
Vom Industriemagnat
Und seinem Presserat
Auch ohne Demokrat.

An der Presse ist nur wahr
Der unerpresste Pressezar.
Die *Schwarze Kunst*
Braucht seine Gunst
Und politisch Brunst.
In den Ohren Bohnen,
In dem Mund Zitronen:
Diese Lemonade
Schmeckt dir allzu fade?

Presse presst die Wahrheit
In trügerische Klarheit.
Der Inserent, er presst
Die Presse fest, erpresst,
Und der Medienkonzern
Ist nicht ganz so gern
Seiner eig´nen Wahrheit fern.

Zitrone für die Umweltpresse?

Mutter Natur wird knapp,
Mutter Natur macht schlapp?
Mutter Natur wird geschändet,
Mutter Natur ist verendet?

Quatsch mit Soße!
Aus ihrem Schoße
Kamen ihre Former,
Verformten sie enormer.

Spielend überlebt die grüne Natur
Die un(ter)menschliche Kultur
Und allzu menschliche Natur
Der industriellen Proleten
(Die mehrten eure Moneten
für Dreck und für Raketen...)

Lieber Kot als Brot-Not,
Lieber grün als tot-rot?
Mehr als die "Umwelt"
Presst man die Mitwelt
In die Nach- und Hinterwelt.

Hypothesencluster der letzten zwei Jahre

Aphorismus : „Eine räudige Gattung der Erhabenheit
übrigens. Die Welt in ihrem Widerspruch in ein
oder zwei Sätze zusammengedrängt. so wie die Eier
legenden Hühner in den Legebatterien auf kleinstem
Raum ein gquältes produktives Leben führen.“
Franz Schuh : „Schwere Vorwürfe.
schmutzige Wäsche“ (2009) / Vorwort.

Der Einzelne auf Erden ist das einzige
Ebenbild des Einen im Himmel.

Will die Oberschicht zum Unterbewusstsein,
erobert die Unterschicht die Hochkultur.

Alter stöhnt im Bett wie Jugend.

„Mu“ sagt der Zen-Meister,
und seine blöde Kuh versteht „nichts“.

Das Leben muss dich totschweigen und
mundtot machen – bis zum Aphorismus.

Du trittst ins Leben. Es tritt dich hinein.

Man hält sich für wichtiger als einander.

Zwischen Kopfgeburten und Hirntod
verläuft das Geistesleben.

Aller Anfang ist ein erster ra(s)tloser Schritt
aus Chaos ins Labyrinth: Urlaub im Urwald.

Ergreift nie das erste im Mund
herumliegende Wort als Initiative!

Klassen : Euer Frag- und Kreditwürden
vor Euer Unter-, Denk- und Nichtswürden!

Die Ware Jacob ist nicht *der wahre Jacob*.

Ich war zu früh in der Vergangenheit,
um die Zukunft zu spät zu erreichen.

Künstler sind unterirdische Akrobaten,
sie spinnen die innere Leere zu.

Zum Himmel stinkt der Müll, dein Herr erstickt
im Müll, wenn dein schwacher Arm es will!

Ich kam zur Welt und nicht zur Umwelt,
ich kam zu Wort, doch nie zu Ohren,
ich kam zu nichts (als zu Geld).

Die Schuldenuhr der Gesellschaft verdeckt
die Schulduhren ihrer Mitglieder.

Wer gar nichts mehr will,
nur der kriegt, was er will.

Wer meditiert, denkt sich aus dem Nachdenken
heraus, um es zu umgehen.
.

Lieber kurz handeln als zu lange im Handel!

Tradition war die Jugend,
Veralten ist die Zukunft.

Hängt der Unabhängige am Galgenstrick
oder seidenen Faden?

Wer durch Streiks etwas erreichen könnte,
hätte keinen überflüssigen Beruf.

Jeder Satz übers Leben ist ein Satz
übers Leben hinaus und hinweg.

Eine Ameise mit Bienenfleiß hat eine Meise.

Realisten werden bestraft
durch Fiaskos von Idealisten.

Rede mir nie ins Gewissen,
wenn du ein schlechtes hast!

Naturreservate vernichten, was sie retten
wollen, durch die Art, es ein letztes Mal
vorm Ende zu genießen und zu erforschen.

Zur Vollkommenheit von Platons Ideen
gehört es, dass sie nicht existieren.

Nur Sklavenhalter sprechen Abtreiber frei.

Was für den Willen nur kaltes Licht,
ist für das Wissen dunkle Wärme.

Wir halten uns für gleich, um uns nicht zu
erschrecken und zu beneiden, und für ungleich,
um uns nie anöden und überflügeln zu müssen.

Ist Dienst an der Gemeinschaft ein Dienst
am Egoismus aller Mitglieder?

Sadisten tun Masochisten nicht den Gefallen,
sie zu quälen, diese jenen nicht den Gefallen,
unter ihnen zu leiden.

Ubw"? „Erkenne dich selbst", also auch die
Leute, die seit der Kindheit in dir weiterleben.

Vorstellungen sind uns das, was ist,
Dinge an sich sind das, was sein soll.

Um streiten zu können, muss es Regeln geben,
um die erst geregelt gestritten werden muss,
und läuft Demokratie nach Prinzipien ab,
die erst demokratisch zu erstreiten sind?

Ist nur Tolerantes zu tolerieren?

Herrscht heute ein Imperialismus
anti-imperialistischer Grundsätze?

Wer jeden Tanzbären gleich auswildert,
erweist sich und ihm einen Bärendienst.

Einst war der Zensor der einzige Leser,
nun ist der Leser der einzige Zensor.

Wer mehr wahrnimmt,
wird oft weniger wahrgenommen.

Mehr als die Summe seiner Werke ist der
Künstler nur, solange er neue schaffen kann.

Die Geschmacklosigkeiten sind verschieden.

Radikale Herdentiere und konforme
Extremisten marschieren Arm in Arm.

E-Kunst lacht über Leute,
die U-Kunst zum Lachen bringt.

Auch Armut sei ein Verfassungsbruch.

Empörung gegen sie schmückt die böse Welt.

Begründe deine Behauptungen nicht mit dem
schwankenden Boden deiner Tat(sach)en!

Tiefsinn hat die bloße Andeutungshoheit.

Die Wahrheit siegt am Ende, wie Pyrrhus.

Ist Sex für Geld liebenswerter als Geld für Sex?

Man ist heute lieber spirituell und esoterisch
als geistreich und geistlich.

Könner glauben an Eingebung,
Dilettanten an ihre Begabung.

Der freie Markt verwünscht unglücklicherweise
das wunschlose Glück.

Dass alles immer schöner und besser wird,
wird immer schlimmer.

Das Ganze spielt mit dem,
der mit dessen Teilen spielt, und umgekehrt.

Wer die Normen achtet, verletzt die Normalität.

Menschliche Schwächen sind meine Stärke,
ich habe eine Schwäche für Vermögen.

Es gilt als größte Tragik, jeder zu entgehen.

Wäre ein Kant der apriorischen
Transzendentalgefühle zu emotional?

Wer jede Überzeugung tolerieren soll,
braucht keine eigene.

Leider kann man sich gegen Leid
nicht abstumpfen ohne auch gegen Lust.

Wer nur in der Vergangenheit lebt, wird nicht
wieder jung, sondern nimmt den Tod vorweg.

Aus dem Besten, das du aus dir machst,
wird stets Böses oder Schlechtes gemacht.

Selbst gescheites Lernen aus Scheitern scheitert

Yoga-Heroismus sucht die Macht,
Yoghurt-Hedonismus bleibt der Ohnmacht.

Recht braucht Gefängnis, Moral aber Gewissen

Kannibalen verdauen ihre Menschenkenntnis.

Geist braucht man nur *gegen* seine Zeit,
Zeit aber *für* seinen Geist.

Darf Kultur nie mit Norm und Moral quälen,
muss Natur stets mit Flut und Hunger quälen.

Wer keine Hochkultur verdaut,
wird von Rabenmutter Natur gefressen.

Moral gilt ewig, Amoral gibt's ewig.

Autonomie : Ich will, was ich soll.
Repression : Ich muss, was ich möchte.

Die Zehn Gebote kann jeder leichter erfüllen
als sich die Wünsche auf tausend Angebote.

Egoismus adelt sich zum Selbsterhaltungstrieb
in der Hölle, Altruismus falliert als Herdentrieb

Darfst du über die ganze Wahrheit urteilen,
ist sie dir unterworfen.

Sucht die Natur im *Unbewussten* menschliches
Selbstbewusstsein rückgängig zu machen?

Alles in der Natur ist vergänglich.
Unsere Natur ist es, das zu beschleunigen,
um selber langsamer zu vergehen.

Entscheide dich praktisch
für mehr Entscheidungstheorien!

Tabu gilt schon als Verstoß gegen seinen Bruch

Man fordert Gleichheit ohne Vergleich.

Nichts ist moralischer, als hohe Moral zu haben

Nur der Gottesknecht wird seiner Herren Herr.

Schuldlos schuldig? Wer verantwortet, dass
Ursachen für Wirkungen verantwortlich sind?

Sehnsucht und Hoffnung beginnen,
wo die Wünsche erfüllt sind.

Fremdgehen wurde willkommener als Fremde.

Konventionen des Kosmos
sind Naturgesetze der Kultur.

Wo das Verdienst fehlt, herrscht der Verdienst.

Schreckliche Vereinfachung heißt heute
„kulturelle Komplexitätsreduktion“.

Ob Warenhaus, Freudenhaus oder Irrenhaus :
Hauptsache, es geht nach Hause.

Mächtiger Wissensdurst befreit
von Freiheitsdurst besser als Machthunger.

Warnung vor Verallgemeinerungen
fordert fast zu Gesetzesbrüchen auf.

Deine Vergangenheit ist deine gute alte Zeit,
weil sie am weitesten weg ist von deinem Tod.

Subjektive Tatsachen sind etwas mehr
als objektive Meinungen.

Begehrt ist alles nur in seinem Missbrauch.

Erzieher scheitern, wie sie erzogen sind.

Höchstes Prestige genießt dessen Verachtung.

Als *Frau Welt* und *Mutter Natur*
wird Realität etwas erträglicher.

Nieder mit der Ungleichheit
von Schwarz und Weiß und Wahr und Falsch!

Lieber freiwillig ins Unglück
als zum Glück gezwungen?

Couch kuriert Kranke, Beichte behandelt Böse.

Bestien holen das Beste bestens aus uns heraus.

Niemand lebt, weil er´s so wollte,
sonst hätte er´s längst über.

Man presst alle(s) in Schubladen,
um in keine gepresst zu werden.

Tatmotive wählt jeder nach Belieben.

Höheres kann mehr niederziehen,
als Tiefes uns erheben.

Wie ich selbst sollst du sein wollen, nicht sein.

Respekt vorm Knecht respektiert
nur dessen herr´liches Knechtsein.

Zwingt mich nicht, mich nicht zu bezwingen!

Respektiere dich selbst,
doch nur deinen Respekt vor mir!

Wer uns hilfsbedürftig macht,
will uns nur hilfsbereiter machen.

Ein Unmensch kann kein Gott sein,
doch ein Gott ein Mensch werden.

Jeder kontrolliert jeden, außer sich selbst.

Ich kenne keine Klassen und Parteien mehr,
nur noch arme Umweltopfer?

Du erweist mehr Respekt meist dem,
der ihn dir zollt, als dem, der ihn verdient.

Macht : Respekteinflößender
wirken Respektgebietende.

Lobst du mich, lob ich dich – *wird nicht gelobt.*

Der beste Schadstofffilter für PKW behandelt
den PKW selbst als Schadstoff.

Erwachsen werden heißt, billige Zweiradroller
durch teure Vierradroller zu ersetzen.

Steckt nackte Wahrheit nackt
in ihren Verschleierungen?

Das Leben ist kurz, ein lebenslanges
oder lebenslängliches Warten darauf.

Ich bin einer, der so heisst wie ich.

Groß ist, wer größere Probleme damit schuf,
dass er sie löste.

Die Mühen der Ebene entstehen praktisch nur,
wenn Berge in Täler geworfen sind und das,
was uns zu hoch ist, Abgründe füllt.

Wer hierzulande Sozialrevolutionen will,
muss nur Fußballspiel und PKW verbieten.

Selbstironie ist oft nur ironisch
gemeinte Selbstkritik.

Sozialgerecht : Sozial gerecht?

Leben ist untoter Wechsel von o.k. und k.o.

Zur Horizonterweiterung genügt Distanzierung.

Wirbt man lieber mit Waren *um* Frauen
oder mit Frauen *für* Waren?

Freiheit tanzt auf Grenzlinien
zwischen Diktaturen.

Hedonismus now : Heroismus der Körnerfresser.

Nennt ein Esel sich Esel, ist er edel.
Nenn ich ihn Esel, bin ich ein Ekel.

Mein Herz geht mir durch den Kopf – hindurch.

Das einzige Buch des Schöpfers ist allgemein-
verständlicher als seine Schöpfung und Er selbst.

Als Kostbarstes gilt, was nur ein einziger
Mensch herstellen kann. Als Wertlosestes gilt,
was nur ein einziger Gott erschaffen kann.

Ist die Hoffnung, dass die Welt mal verbessert
wird, begründeter als die Existenz Gottes?

Europa ist ein einziges wissenschaftlich zurecht-
gestutztes Plagiat aller Kulturen der Welt.

Der (Um-)Weltuntergang würde auch nicht viel
ändern an unserem Leben.

Was es gibt, steht nur im Weg.

Der Kosmos ist für Chaoten das Chaos.

Gedankenketten schmücken die Denker
und fesseln die Lenker.

Welcher Geistesadel hat noch Brille,
Buch oder Eule im Wappen?

Man hält sein Leben immer länger für zu kurz.

Ruhekissen haben keine Lorbeerenfüllung.

Gäbe es Familien, wenn Verliebte zehn Jahre
bräuchten, um sich kennenzulernen?

Beschneiden ist kein Abschneiden,
doch sind Unbeschnittene schon abgenabelt?

Das Leben sollte da anfangen,
wo der *Kampf ums Dasein* aufhört.

Todesangst fürchtet,
sie bald niemals mehr fürchten zu können.

Ist es nur Konstruktion,
dass alles nur ein Konstrukt ist?

Man schämt sich eines fehlenden Fingers
mehr als aller Verfehlungen und Befehle.

Transparenz : Verhülltheit von Verborgenheit.

Verdient Eva sich ihre Geburt durch Gebären?

Liebe ist die Einheitssoße, die über jeden
Teufelsbraten gegossen wird, um ihn unsichtbar
und schmackhaft zu machen.

Kunst, die nie geraubt wurde, ist nicht viel wert.

Oben bin ich ein Teufel, unten sein Opfer.

Freiheitsdrang will sich nur
einem anderen Ideal unterwerfen dürfen.

Ein großes Werk ist die Summe
aller Hohlköpfe, durch die es hindurch muss.

Ich liebe in mir das Böse,
das ich dir zu tun hasse.

Stalins Feinde werfen ihm nicht die *Gulags* vor,
sondern sie gegen die Falschen gebaut zu haben

Die Speicherkapazität der Mikrochips schreitet
voran : Bald ist das All im Nichts enthalten.

Demut ist, wenn der Berg zum Tal hinaufsieht.

Krieg und Frieden sind Hauptziele füreinander.

Wissenschaftliche Kult der Tatsachen
ist unbewusste Kultur der Untaten.

Nur Hochkultur bohrt tief genug,
nur Tiefgründiges ist uns zu hoch.

Nur durch Unbekanntes lernt man alles kennen.

Wer Geist und Gutes hasst, liebt die Menschen.

Todesangst flieht gern in zeitlose Logik.

Der Hohlkopf ist die Trommel für Pauker.

Ich liebe in dir das Gute,
das ich dir zu tun liebte.

Wer Ideen nur schlecht beschreiben kann,
muss noch kein guter Realist sein.

Kunst wurde das Talent, gut zu verkaufen,
was keine ist.

Jeder ist eine bald unterbrochene
Unterbrechung der Geschichte.

Phlegma ist genug Dynamit
gegen explosive Dynamik.

Gegen den (elektrischen) Strom schwimmt
keine Zivilisation mehr, und keine löste das
Klassenproblem; jede ging nur daran zugrunde.

Freiheit ist nur noch Entschluss,
unbelehrbar eigene Holzwege zu gehen.

Künstler reden von Geld, Geldleute von Kunst.

Abtreibung beendet keine Schwangerschaft,
sondern ein Menschenleben.

Kriege machen uns zur Masse wie *Loveparades*

Naturtalente sind Naturprivilegien
gegen Sozialprivilegien.

Überbau und *Über-Ich* sind die Grundlagen
des *Unterbaus* der sozialen Unterschicht.

Künstlerisch Fixiertes löst in Reizfluten
und Redeflüssen bald sich auf.

Kleinere Vernunft der Schlauheit verschlingt
größeren Verstand der Weisheit.

Federn kann man lassen oder mit ihnen
schreiben und fliegen zugleich.

Alles Riesige auf Erden muss teuflisch,
alles Geringe kann göttlich sein.

Die Gesellschaft beschützt und bedroht
den Einzelnen durch dieselben Maßnahmen.

Freier Wille ist die Mohrrübe
vorm störrischen Esel, der den Karren zieht.

Moderne Tragik wird immer komischer,
da die Folge eigener Dummheiten
wie ein blinder Schicksalsschlag wirkt.
.

Erziehung zur Freiheit befreit von Erziehern.

Fortschritt ersetzt Reifen durch ewige Jugend.

Man gibt Antworten durch Fragen
und stellt Fragen durch Antworten.

Nur ein Gottesknecht wird seiner Herren Herr.

Jeder Verein ist eine gruppendynamische
Attacke auf den ewig Vereinzelten auf Erden –
das Ebenbild des *ein*zelnen Ewigen im Himmel.

Der Mensch ist ein Laienspieler,
der ohne Probenzeit Theater spielen muss.
Zum Glück besteht das Premierenpublikum
selber nur aus Laienspielern.

Unterschicht besteht aus nomadischen
Vagabunden und Landfahrern, die nicht einmal
zu ausbeutbaren Untertanen zugelassen sind.

Was einer braucht, um als *Dichter und Denker*
sein Geld zu verdienen, entwertet sein Werk.

Hirnforscher sind so frei, ihre Willensfreiheit zu
leugnen, und so unfrei, sie behaupten zu müssen.

Deine Seele ist die Außenseite der Mutter Natur,
deren Innenleben deine Außenwelt ist.

Danksagung erspart keine Gegengeschenke.

Ein Buchrezensent kritisiert *konstruktiv*, indem
er destruktiv lobt und dafür gelobt sein will.

Heute (aner)kennt man nur noch komische
Heilige, seit nur noch Komiker uns heilig sind.

Halte ich alle für verückt, halten sie mich für
verrückt. In Demokratien siegt die Mehrheit.

In Massen sind Menschen gegeneinander
verbunden und miteinander geschieden.

Die Würde einiger Menschen ist unantastbarer.

Probleme werden durch ihre Lösung verschärft.

Jeder Liebespfadfinder landet
auf Tugend- und Trampelpfaden.

Hinke dem Fortschritt voraus
und renne dem Ruhestand hinterher!

Auf und ab. Lieber Prolet als Mensch bleiben
und lieber abhängen als sich aufhängen!

Der Vierte Stand steht als Gegenstand ohne
Verstand und Aufstand ständig auf dem Prüfstand des Mittelstands, der mit Wohlstand und
Beistand ständig auf dem Prüfstand der Oberschicht steht, die nur auf Abstand und Ruhestand ohne Anstand und Notstand steht.

Zu hoch fliegende Pläne entfliehen
und entfliegen, nicht hoch genug fliegende
zerschellen an Schuldenbergen.

Ein Plan, der auf dem Teppich bleibt,
wird ein neuer *Läufer.* Ein Plan, der höher zielt,
bleibt auf dem fliegenden Orientteppich.

Autos rasen − vor Wut auf Spaziergänger.

Das Meditier! in dir entdeckt sein Nearwahna :
Ich bin nix und kann nix und darf alles.

Wer sich in sich selbst versenkt,
hat sich in sich selbst ertränkt.

Wer meditiert, ist bald erleuchtet, doch nicht
aufgeklärt und noch kein großes Licht.

Wer meditiert, sucht Friedhofsruhe
und ewigen Arbeitsfrieden in sich.

Wer meditiert, sucht den Frieden des Nichts,
denn Krieg ist der Vater des Alls.

Jeder ist seines Glückes (und seiner Pläne)
Schmied. Den meisten fliegt nur in hohem
Bogen ein glücksbringendes Hufeisen
an den Kopf.

Schreiben Verliebte *solche* Gedichte,
sind sie besser verhasst als verliebt.

Kopf in den Sand bringt die größte Transparenz

Mein Schatten wirft mich Scheinwerfer.

Leben heißt sich tot stellen,
totsein heißt den Lebendigen spielen.

Die eigene Meinung hat mich,
doch ich träume nur nach K.o.-Schlägen.

Ist alle Ordnung verordnet und angeordnet?

Unterhaltsam kann nur sein,
wer und was nicht nur unterhalten will.

Gute Menschen haben feine Lieder :
Sie singen viel und verpfeifen jeden.

Ist es unlogisch, dass laut Gödel nicht alle
logischen Gesetze logisch beweisbar sind?

Beginnen heißt eine Sache zu Ende denken.

Der Wolf ist beim Menschen auf den Hund
gekommen und der Schweinehund ein Reißwolf
im Dackelpelz.

Darf den Mehrheitswillen missachten, wer
das gemeine Volk mit wirren Schulreformen,
einseitigen Medien und sinnlosen Erwerbs-
arbeiten vollpackt und am Denken hindert?

Kausalität. Ist die Ursache nur „Zufall“,
kann man vom Himmel reden.

Öldruck wird von Künstlern hergestellt durch
photographische Belichtung, von Autofahrern
durch geistige Unterbelichtung.

Man liest keine Bücher mehr, sondern was sie
bedeuten und was Autoren damit sagen wollen.

Was nicht passabel zu machen ist, passt gut.

Traum macht Kunst zu Kitsch.

Angezogen wird man anziehender.

Altes Leid dämpft die Angst vor neuem Glück.

Der Herr bedient Knechte wie Maschinen,
der Knecht beherrscht den Herrn
durch herrliche Drogen.

Als Beruf soll man Angeber angeben und
jede Aufgabe durch Aufgeben beantworten.

Auf Lebentragödie soll Todeskomödie folgen?

Jedes Leben ist glücklich. Es hofft auf schöne
Erinnerungen und gedenkt schöner Hoffnungen.

Angesehene Laster und gefürchtete Tugenden
öffnen Türen.

Warum gibt es nicht Müßigsitz,
Müßiglage und Müßigstand?

Handeln ist der Verstand der Narren
und Nichtstun die Berufung des Geistes.

Todesmüde ist gleichwohl,
wer zum Leben schon immer zu müde war.

Wer nicht kann, was jeder kann,
kann noch nicht, was keiner kann.

Kein Mögliches ohne Mögen, Vermögen u. u. ?

Ein Leben weiß, was keine Schule kennt.

Wer gar nichts tut, tut das meiste.

Das Motiv folgt dem Erfolg
und die Ursache dem Zweck.

Man wandelt in der Welt, die sich wandelt.

Man lebt nicht 80 Jahre,
wenn davon nicht 40 lebten.

Wie soll ich etwas werden,
ohne aufzugeben, was ich bin?

Erledigt ist, wer alles oder nichts erledigt.

Hat man nicht viel mehr und gravierendere
Probleme mit Landsleuten als mit den paar
"Fremden", die als Blitzableiter gebraucht sind,
und wer möchte in einem fremdenfreien Land
leben und mit den Landsleuten allein sein?

"Ich habe nichts gegen Fremde, aber wenn man
mal etwas sagt über ..., dann heißt es heute
immer gleich ..." − So reden Rassisten.

Homo *(sapiens)* : Mensch oder Menschin?

Ein Spruch wie „Einspruch, Euer Euren!"
gibt vor Gericht noch kein Vetorecht.

Durch hinhaltenden Widerstand machte *Fabius
Maximus „Cunctator"* die ewige Zauderei
zu siegreicher Zauberei.

Kann man seine Hände auch
in Schuld(bekenntnis) waschen?

Seine Schwäche für die Schwachen erklärte Sartre
mit Hochmut, um seine Allmacht zu genießen.
Wer auf der Seite der Schwächsten gegen Starke
kämpft, muß zu den Stärksten gehören. Man müsse
Märtyrer einer Sache werden, um zu beweisen, dass
man nicht ihr Komplize ist. − Sartre erklärte Gides
"disponibilité" als geistigen Dispositionskredit und
als Übergang vom adligen Gutsbesitz zum modernen Kapital. *Walter Heist* sah in "Genet und andere" Sartres Literatur als ´Faschismus von Rang´.

Im Karneval von Venedig ist die ganze schutz-
maskierte Corona stets passend verkleidet.

Von wirkmächtigen öffentlich-rechtlichen Massen-
medien sind doch eher möglichst unbefangene, pro-
fessionell "meinungsneutrale" und überprüfbar offe-
ne Berichterstattungen von Ereignissen und Sozial-
tendenzen zu erwarten, die ein tendenziell umfas-
sendes Bild von relevanten Argumenten und Gegen-
argumenten anbieten. Der ohnmächtige Kunde kann
dann in Ruhe abwägen, was ihn nun eher überzeugt.
Aber wenn relevante Alternativgesichtspunkte erst
nur in dubiosen Konventikelpublikationen mühsam
aufgestöbert werden müssen, ist jeder Normalver-
braucher düpiert, überfordert und unterinformiert.

TV-Journalist *Friedrichs* hatte damals noch gefordert, dass ein Profijournalist seine politischen Pri-
vatmeinungen nicht in seine möglichst „objektiven"
Reportagen einfliessen lassen sollte. --- Eindrücke
eines ewigen SPD-Wählers, der z.B. auch "wertkon-
servative", "patriotische" und weniger "europa-
zentrierte" Argumente öffentlich angemessen disku-
tiert sehen möchte, in steuergeldfinanzierten Medi-
en, aus demokratischen Fairnessgründen schon.

Je transparenter sich alles geriert, desto undurch-
schaubarer wird es. Verharmlost wird leicht der
Einfluss der Politik auf die offizielle Unabhängig-
keit der *Vierten Gewalt*. Man will nicht mainstream-
medial beeinflusst, sondern sachlich informiert und
aufgeklärt werden. Demokratische "Diversität" wird
lauthals eingefordert und oft selber wenig praktiziert
…

Ist mein Essay ironisch nicht selbst ein bißchen das, was er zu preisen vorgibt, nämlich Lug und Betrug, erfolgreiche Verstellung und arglistige Täuschung? Er gaukelt dem Leser ja die unbegrenzten Möglichkeiten persönlicher Phantasie gegenüber den arg begrenzten Möglichkeiten von Richtigkeit und Aufrichtigkeit menschenfreundlich vor. Schön wär's ja, seufzt der mitgehende Leser − aber leider sieht die armselige Wahrheit über die ach so reiche Fantasy-Phantasie des Einzelnen heute etwas anders aus. Erstens setzt profitabel phantasievoller Betrug die platte Idee von Wahrheit und Wirklichkeit schon voraus und Lügner müssen sie dauernd krampfhafter im Auge behalten als der dumme Ehrliche.

Und zweitens wurde die gleichsam "objektive Phantasie" der sozialen Realität inzwischen ja ungleich größer als die dagegen aufgebotene subjektive Phantasie der Künstler und Magier, die nur noch ein bißchen variieren und umgruppieren (können). was die modernen Forscher und Techniker und Macher an phantastischer (und zugleich eher dürftiger) Riesenrealität in die Welt klotzen.

Ich bin immer wieder bestürzt über die immer geringer werdenden Betrugschancen von überzeugender künstlerischer Magie und individueller Phantasie gegenüber dem erfolgreich "ehrlichen Betrug" der modernen Wirklichkeiten.

Jules Laforgue sah in seinem Herzen 1000 Paläste, und nur die Dummheit der Frauen halte sie davon ab, die besichtigen und bewohnen zu wollen.

Das schnellste selten aktualisierte *Quickipedia* ist der eigne Kopf oder diese Spruchsammlung.

Humor ist hierzulande, wenn man trotzdem nicht lachen kann. (frei nach *Otto J. Bierbaum*)

Traum : Wenige Neupfundländer haben eine ausgesprochene Nickelbrillenallergie, oder?

Großbürger besitzen Produktionsmittel, Kleinbürger Konsumtionsmittel und beide viele Produzenten.

Apostelepistelhafte Einzelhaft macht freier als verbriefte Verein-zelhaft.

Lustige Lust auf lästigen Verlust ist christlich oder masochistisch.

Demokratie wurde in Washington nie
abgeschafft, in Moskau nie angeschafft
und von Siegern für Berlin nur beschafft.

Auf Lesen und Tod. Was Senioren ihr TV,
ist Junioren ihr Smartphone : Vorbild.

„Faschisten raus!" können auch diese rufen.

Menschen wollen Götter werden,
weil nur die hier noch leben können.

Ein maschineller Pseudo-Mensch muss kein
Unmensch sein. Wo ist Wahrheit mehr als ein
Pseudo-Pseudo (verschleierte Verschleierung)?

Man enthüllt nur, dass und wie etwas verhüllt
ist (ohne es deshalb schon zu entschleiern).

Bleibt uns nicht ganz verborgen, dass eine
Verborgenheit selbst nur verborgen ist,
sprechen wir schon von *Wahrheit.*

Mein Werk ist ganz aus der Luft gegriffen,
in die ich nie ging wie ins Wasser
oder dafür durchs Feuer.

Lebensangst, die mich zwingt, nichts zu sein,
erzeugt den Herzenswunsch, alles zu sein
und nicht nur etwas.

Der sozialstaatliche Spatz in der Hand
ist dem Ärmsten näher als die
sozialrevolutionäre Taube auf dem Dach.

Bewundere in deiner Lebenszeit das Geschenk,
das All lebenslang bewundern zu dürfen,
statt alles ändern zu müssen.

Anti-Atheismus und Antibiotika
ersetzen einander so wenig
wie Gottvater und Familienväter.

Mein Wort will keine Leser verletzen,
sondern nur ihr dickes Fell zeigen.

Aphorismen über Aphorismen

Warum es so wenige gute Aphorismen gibt?
Nur die schlechten halten, was die guten
Versprechen : uns zu ärgern.

Ein Aphorismus ist gut, wenn weniger wehtut,
getroffen zu sein, als ihn nicht selber gefunden
zu haben.

Ein Schriftsteller ist ein Mensch, der aus dem Aphorismus, auf den er nicht kommt, ein Buch macht.

Aphorismen sind Gedankensplitter
im Kopf von Bürgerkriegsverletzten.

Nur Aphoristiker lesen gern schlechte Aphorismen.
Sie studieren Konkurrenten.

Warum Aphorismen? Lapi-darum.
Sie verkürzen nichts, ihre Gegner langweilen.

Meine Aphorismen sind aus der Luft gegriffen,
die meine Gegner für mich sind und in die ich gehe.

Wenn ein Aphorismenleser nickt
oder den Kopf schüttelt, fällt der herunter.

Aphoristiker ist, wer den Gedankensplitter
im Holzkopf seines Nächsten sieht.

Je besser Aphorismen sind, sagen ihre Gegner,
desto falscher.

Auch Aphoristiker sind engagiert:
Einsatz in einem Satz (für den nächsten).

Deutsche lesen nicht. Schon ein Aphorismus
lenkt sie zu lange von sich ab.

Das beste Buch ist ein schlechter Ersatz
für ein Bonmot oder einen guten Satz.

Gut ist ein Aphorismus, der die Leser entmutigt,
selber welche zu schreiben.

Ein schlechtes Buch ist schneller geschrieben
als ein guter Aphorismus.

Mit Aphorismen gegen alle -Ismen!

Aphorismen sind Mikroprozessoren,
die Geistesarbeitsplätze vernichten sollen.

Ratio in kleinsten Rationen. Ein Aphorismus ist ein
Auseinandersatz, der viele Worte verliert : die kür-
zeste Verbindung zwischen zwei Verstandpunkten.

Der Aphoristiker opfert einen Witz nur einer Sache,
die er dem Witz an der Sache opfern kann.

Feile an Aphorismen die Gitterstäbe durch!

Aphorismen sind verbindlich, weil sie unverbunden
sind : sie trennt, dass jeder Getrenntes verbindet,
sie verbindet, dass jeder Bande zertrennt.

Aphorismus – *mit einem Satz ins Freie:* Hochsprung
oder Weitsprung, Ur-Sprung oder Vorsprung?

Jeder Aphorismus fällt dem anderen ins Wort und
in den Arm. Sie begegnen und entgegnen einander,
bevor sie Monologe werden.

Das beste geistige Band dieser zerfallenen Zeit :
ein Aphorismenbändchen.

Aphoristiker gehen mit Dichtern und Denkern
um und umgehen sie.

Ein Aphorismenband fügt sich sprachlich
zusammen aus genügend vielen Scheidungspaaren
und zerfällt in beliebig viele Liebespaare.

Traum der Aphorismen : Dass der Zensor
sie noch hundert Jahre später passieren lässt
aus Unverständnis oder Angst vor ihnen.

Aphorismen : Angriffswaffen, die uns
verteidigen können, da wir sie nicht verteidigen
müssen. Wer nicht den Kürzeren zieht, langweilt.

Aphorismen wollen den Geist von Sozialsystemen
sprengen und den von Sonnensystemen spiegeln.

Die Bandbreite aller Aphoristiker liegt darin,
wie viel Dichter im Denker und wie viel Denker
im Dichter steckt.

Adhortationsformel : Lass dich von Aphorismen
zu nichts ermahnen!

Aphorismen geben Lesern die Illusion,
Wissenschaft und eigenes Denken
längst hinter sich zu haben.

Der Aphorismus kommt bald zum Schluss,
nicht der Aphorismenband.

Die Aphorismen dieses Bandes verbindet nicht
mehr als die Dinge dieser Welt – die Tatsache,
welche zu sein und denselben Schöpfer zu haben.

Bisher bestätigten nur Ausnahmen die Regel,
dass gute Philosophen und Aphoristiker keine
Monatsregel haben.

Aphoristik : Pluralismus von Meinungen,
die (sich) nichts zu sagen haben.

Aphorismen hoffen, dass Splitter haltbarer sind
als Glashäuser und Scherben.

Ein System ist die Ausnahme, die den Aphorismus
regelmäßig bestätigt : er gehört nicht zum Ganzen,
das er umfasst, und enthält das Ganze,
dem er angehört.

Wer weder Dichter noch Denker noch Täter ist,
vereint alle drei im Aphoristiker.

Welcher Aphorismus ist in Hegels spekulativem
System gut *aufgehoben*?

Ein Aphoristiker, der nicht wenigstens einmal im
Leben ein komplettes System sich ausdenken kann,
hat eine *déformation professionelle* und sollte
Aphorismen richtiger Systematiker herausfordern.

Aphorismen zur Naseweisheit
riechen den Satansbraten im Engelsrock.

Eine gute Idee ist ein nicht gut genug ausgedrückter
Aphorismus.

Aphoristiker bekämpfen stets den (antiken)
Aphorismus : „Wir haben das Meer gepflügt.“

Aphoristiker übertreiben doppelt,
um Halbwahrscheinlichkeit zu erzeugen.

Der Aphorismus, das große Ganze im letzten Ur-
Teil, der größte Unsinn im kleinsten ZuSatz,
macht uns kein Nix für ein Nu vor.

Im Aphorismus werden mindestens drei Aufsätze
ausgearbeitet zu *einem* Satz über Autor und Leser
(hinweg).

Chaostheorie : Ein Aphorismus ist der Schmetter-
ling, dessen Flügelschlag die ganze Geisteswelt
umweltsen will.

Ein Aphorismus, der auch seine guten Seiten hat,
heißt Essay.

Philosophen bringen System in Aphorismen,
die Unordnung in ihr System bringen.

Kurzer Rede lebenslanger Unsinn. Der Aphorismus
hat ein Spielbein und ein Verstandbein und steht fest
mit beiden neben dem Geistesleben.

Aphorismen sind keine Sprichwörter,
aber schützen vor Volksmundfäule.

Auch der Aphoristiker muss (uns) nun schon immer
kürzer treten.

So wenig wie ein Aphorismus kann immer noch
viel zu viel Geschwätz sein.

Mach kein Buch aus dem Aphorismus,
der dir nicht einfällt.

Noch kürzer und treffender als Aphorismen
ist nur ein Machtwort. (Gibt es dafür Kleinkunst-
wettbewerbe?)

Ein Aphorismus begründet sich durch seine Form.

Der Druck der Wirklichkeit presst den Geist
zu Aphorismen zusammen

Ein Aphorismus ist ein ganzes Streitgespräch
in *einem* Schlusssatz.

Aphorismen sind Bonmots,
die einem erst nach der Party einfallen.

Aphoristik. Auch im geistigen Raum besteht Gerad-
linigkeit aus potenziell unendlich vielen Pointen.

Der Aphoristiker kann keinen Satz schreiben,
ohne eine Bibliothek zu ersetzen.

Ein Satz zu viel ist oft ein Aphorismus zu wenig.
Er macht Kostenloses kostbar und billigt selten,
was uns teuer ist.

Aphoristiker fliehen in schnellen Sätzen
vor Kopfjägern.

Der Aphoristiker sagt ein letztes Wort
nach dem andern.

Was der Aphorismus uns sagt,
bleibt sein Geheimnis.

Macht die Welt eintausend Schritte voran
ins Paradies, macht der Aphoristiker einen Satz
zurück ins Freie.

Wer sein Weltbild fertig hat,
schreibe Aphorismen dagegen.

Der Aphoristiker, ein Fürsprecher der Widersprüche, macht größere Sprünge in kleineren Sätzen.

Der deutsche Leser übersetzt den aphoristischen
Satz zurück in den ganzen Aufsatz, den er ersetzt.

Aphoristiker sind reine Theoretiker. Sie führen ja
praktisch nicht weiter aus, was sie ausdrücken.

Kurzgeschichten sind zu lang(weilig)e Aphorismen.

Aphorismenbände mit Illustrationen
sind wie Fahrräder mit Nachtisch.

Aus den vielen Worten, die der Aphorismus verliert,
werden ganze Romane gemacht.

Aphorismen sollten kürzer sein
als Kunst und Leben.

Verkettet und vernetzt? Aphorismen reißen
in Stücke, was andere in Zusammenhänge rissen.

Es gibt keine guten Aphorismen. Sie brächten für
einige Minuten das Geschwätz zum Verstummen.

Der Aphoristiker ist ein Herr, der sich kurz fassen
kann, oder ein Knecht, der sich kurz fassen muss.

Aphorismen sind weder Anfänge noch Reste.

Wie viele mittelalterliche Schutzengel haben
Platz(angst) auf einer aphoristischen Spitze?

Aphoristiker nennen die Undinge beim Spitznamen.

Der Aphoristiker verwickelt sich in dem Wider-
Spruch, den er hervorrufen will.

Zu viele Aphoristiker machen wenig Worte,
doch zu viele Aphorismen.

Ihr Lieben alle diktiert mir
meine liebsten Aphorismen.

Für Aphoristiker formulieren die meisten Menschen
zu unterspitzt.

Aphoristiker halten sich nicht auf
bei ganzen Romanen.

Dem Aphoristiker fällt zu Binsenwahrheiten
noch Originelles ein, nicht zum Sonderbarsten
noch eine Phrase.

Ein *guter* Aphorismus ist nie zu *wahr*,
um *schön* zu tun.

Spricht mein Aphorismus, komme ich nicht zu Wort.

Nur Aphoristiker sind nicht zu faul,
uns weniger als drei Sätze zu schreiben.

Aphorismus:
Ein Satz übers Leben will es überleben.

Für Aphoristiker spricht nichts gegen Widersprüche.

Aphorismus : Mit Spitze gegen die an der Spitze.

Aphoristiker üben erst mit Essays.

Aphorismen weisen schlagende Beweise ab.
(Gut begründen lässt sich schließlich fast alles.)

Die Position des Aphorismus bleibt die Negation.

Aphorismen sind Regeln, denen die Ausnahmen
von den Regeln folgen. Sie sind nie Sätze
zwischen den Gegensätzen.

Nichts ist so groß, das sich nicht in einen
Aphorismus zusammenfassen, und nichts so klein,
das sich nicht zu einer Bibliothek auswalzen lässt.

Ein Volk der Dichter **und** Denker
wäre ein Volk von Aphoristikern.

Aphoristiker sind kurzatmig, den längsten Atem
haben Aphorismenbände, doch Gnomiker haben
von allen Autoren die meiste Zeit.

Aphoristische *Form* ist Zuckerguss,
der bitteren Pillenwirk*stoff* versüßt.

Wer und was zerschneidet das Band
zwischen den Aphorismen eines Bandes?

Ich teile eure Meinungen, aber in mehr Aphorismen.

Dialektiker Hegel brachte System in den Geist,
Aphoristiker Schlegel Esprit ins System.

Was philosophische Aphorismen zum System verbindet, ist sophistischer Mörtel; was philosophische
Systeme sprengt, ist aphoristische Sophistik.

Erster Aphoristiker wird nicht schon,
wer überall sonst den Kürzeren zieht.

Aphoristiker haben keine Zeit, nicht zu schreiben
oder nur wahre Dinge zu schreiben.

Aphorismus : Vorsätzliche Auseinandersetzung
in *einem* Schlußsatz.

Auch kleinste Aphorismen sind *Superstrings*,
die sich vielleicht erst künftig oder nie
falsifizierbar formulieren lassen.

Systeme und ihre Kritiker leben voneinander zu gut,
Aphoristiker und ihre Leser zu schlecht.

Wie lebten Aphoristiker?

Reine Aphoristiker sind definitiv nicht anonym, aber meist Unbekannte. Wenn ihr Leben nicht unbekannt bleibt, dann nur deshalb, weil sie auch noch anderes geschrieben haben als nur Biographorismen. Über *Sartre* wissen wir alles, über *Lec* so gut wie gar nichts, obwohl beide Autoren nicht anonym blieben, aber die „unfrisierten Gedanken" haben wir gelesen, „Das Sein und das Nichts" aber nicht.

Wenn also wirklich, wie Literaturwissenschaftler Fricke höhnt, Zunftkollegen wie Wehe, Fieguth und Requadt immer wieder das aphoristische Existieren und Denken auseinander abzuleiten unternehmen, dann sind solche Versuche noch sinnloser, solange wir das Leben der passionierten Aphoristiker gar nicht kennen. Wie lebte Lec, wie liebte Kraus, warum hasste Lichtenberg, wovon lebte Seume, hatte Jean Paul Depressionen und Canetti einen Ödipuskomplex? – Pascal, Voltaire, Vauvenargues hatten schwache Konstitutionen und kränkelten zeitlebens, Novalis und Morgenstern starben an der Schwindsucht, Lichtenberg, Kierkegaard und Kraus waren verwachsene Hypochonder, Heine lebte ein Jahrzehnt lang in seiner „Matrazengruft", Nietzsche wurde mit 44 Jahren wahnsinnig, und der ehemalige KZ-Häftling Stanislaw Jerzy Lec starb schon 1966 an Krebs, im Alter von 57 Jahren.

Und die aphoristischen Philosophen oder *Philoso-phoristiker* nach den europäischen Moralisten?

Viele starben auffällig früh : Pascal mit 39 Jahren, Vauvenargues mit 30, Seume mit 47, Novalis mit 29, Feuchtersleben mit 43, Platen mit 39, Börne mit 51, Hebbel mit 50, Hofmannsthal mit 55, Morgenstern an Tb mit 42, Hille mit 48, Leisegang mit 31 an Suizid. Von den Deutschen starben durch Selbstmord Friedell mit 60 Jahren, Benjamin mit 48 und Tucholsky mit 45.

Junggesellen blieben Pascal, Novalis, Kierkegaard, Nietzsche, W. Busch, Altenberg, Kraus, Wilde.

Der Stilwille ist aristokratisch, die ersten Aphoristiker waren Adlige, die autoritäre Kommandokürze gibt sich liebenswürdig. Die französischen Moralisten suchten eine Bildungsaristokratie quer durch alle Stände, Nietzsche nahm das später auf.

Larochefoucauld wollte den Schwertadel nicht zum Hofadel, sondern zum Geistesadel entmachten. Die ersten nicht-adligen und ungelehrten Aphoristiker waren Chamfort und Jean-Paul. Proletarische Aphoristiker gab es bisher kaum. Die Bürger Chamfort, Seume, Benjamin und Hohl starben verarmt.

Vom Familienvermögen lebten Heine, Kierkegaard, von Ebner-Eschenbach, Wilde, von Hofmannsthal, Benjamin, Kraus. Als Schriftsteller und Journalisten

verdienten ihren Lebensunterhalt z.B. Jean Paul,
Canetti, Chesterton, Doderer, Jünger, Shaw, Lec,
Tucholsky, Morgenstern, Brudzinski, Goetz, Laub,
Valéry, Günther, Bierce …

Hippokrates, Feuchtersleben, Schnitzler und Jörgen-
sen waren Mediziner, Novalis Ingenieur, Lichtenberg Physiker, Goethe Naturforscher, Canetti Che-
miker, Schröder Architekt, Gürster Diplomat. Radbruch und Bittner waren Juristen, Pascal und Käst-
ner gute Mathematiker gewesen. Universitätsbeamte
waren Lichtenberg, Friedrich Schlegel, Nietzsche,
Adorno und Schweppenhäuser.

Politisch eher links standen Chamfort, Lichtenberg,
Seume, Jochmann, Jean Paul, Heine, Börne, Bierce,
Petan, Lec, Brudszinski, Crnevic, Altenberg, Shaw,
Benjamin, Adorno, Tucholsky, Kraus, Marcuse,
Gerhard Radbruch, Laub, Kasper, Finck, Deschner,
(Gerhard) Schweppenhäuser …

Gesamtwerk in Gesamtausgabe

Das publizierte Gesamtwerk entfaltet sich unter dem *monotheistisch* „Heiligen" im traditionellen Dreischritt von *Logik* (Wahres), *Physik* (Naturschönes) und *Ethik* (moralistisch Gutes) zwischen Literatur und Philosophie.

1. Theologisch *Heiliges* :
„Der Ewige und Sein Urprojekt − *Religionsphilosophisch-metapolitische Reflexionen*"

2. Logisch *Wahres*
('Dritte Welt' der Gedanken) :
„Sind Physik, Musik und Mystik die Ethik
der mathematischen Logik?"

3. Ästhetisch *Schönes* (Physisches) :
„Zur Dialektik und Phänomenologie
der Natur- und Kulturidyllen"

Logik *(Ideelles)* und Ästhetik *(Physisches)* fallen unter **Idyllen**, die gemeinsam dem *Psychischen* der moralistischen **Satiren** kontrastieren.

Diese satirische Moralistik entfaltet sich ihrerseits als psychologische Ethik in sieben Sorten von literarisch-philosophischen „Sprachspielen" :

1. **Philosophie** (Zwei Bände) :

„Objektivität durch Subjektivität
oder umgekehrt?" *(Erkenntnistheorie)*

„Gedankenlesen : Hirnforschung
ohne Computertomographen –
*Philosophie zwischen Wissenschaft,
Kunst und Religion"*

2. **Tiefenpsychologie**
der Philosophiegeschichte (Drei Bände) :

„Die Liebhaber der Sophie – *Philosophiegeschichte in Philosophengeschichten"*

„Wenn die Seele auf den Geist geht –
Chronik der unbewussten Weltbilder"

„Martin Heidegger – Versuch
einer Psychoanalyse seines *Seyns"*

3. **Proletarismus** (Ein Band) :

„Mann und Frau machen sich frei –
voreinander und voneinander :
Geschlechterkrieg oder Klassenkampf?"

4. Fünf **gesellschafts- und kulturkritische Essaybände** :

„Künste und Wissenschaften
als verlorene Paradiese“

„Ist *philosophical correctness* eine
Kommunikationswissenschaft?“

„Esprit und Geisteswissenschaften“

„Originell sein : Vergessenes plagiieren“

„Wer sich selber kennt, wird nichts mehr“

5. Satirische **Moralistik** (ein Band Sekundär-
literatur, sechs Bände Primärliteratur) :

„Aphorismus − Philosophischer Gehalt
in literarischer Gestalt“

„Mit einem Satz ins Freie“

„Quanten, Quarks und Strings im Kopf“

„Aphorismen zur Zeitaltersweisheit“

„Zwergrätsel, Satiren und Zwickmühlen“
(1. Auswahl aus mehreren separaten
     Aphorismenbänden)

„Aphorismen, Bonmots und Reflexionen"
(2. Auswahl aus mehreren separaten
    Aphorismenbänden)

„Philosophische Formelsammlung"

6. **Fragmente** (Zwei Bände Reflexionen) :

„Aufzeichnungen
aus dem Schwarzen Loch"

„Aufzeichnungen aus dem Mauseloch"

7. **Literatur** (Ein Band Lyrisches
    und drei Bände Erzählerisches) :

„An sein Innerstes erinnert sich keiner −
Nicht ganz dichte Gedichte"

„Nur in der Fremde fühle ich Fernweh −
Idyllischer Roman"

„Wer fällt, gefällt − Aus dem schönen
Leben des Gebrauchsdenkers Ingo K."

„Angeln beruhigt −
weder Fische noch Würmer"

Das ganze Werk deckt *sieben* Kulturfelder in *27 Bänden* ab :

1. Monotheismus
   1 Band (onto-theologisch *Heiliges*)
2. Idyllen :
   1 Band Logik (Wahres)
   1 Band Natur (Schönes)

3. Leib (Arbeit / Liebe)
   1 Band Physisches
4. Seele (bw / ubw)
   3 Bände Psychisches
5. Geist (Philosophie)
   2 Bände Ideelles

6. Witz/Urteilskraft
   14 Bände Moralistik :
     5 Bände Essays
     2 Bände Fragmente
     7 Bände Aphorismen(auswahl)

7. Literatur (sinnlicher Sinn) :
   1 Band Lyrik
   3 Bände Epik

ANHANG
Große Aphoristiker sind im Bilde

Sekundärliteratur zum Aphorismus

Gerhard Neumann (Hg.): „Der Aphorismus.
Zur Geschichte, zu den Formen und Möglichkeiten
einer literarischen Gattung", Darmstadt 1976

„Ideenparadiese. Untersuchungen zur Aphoristik
von Lichtenberg, Novalis, Friedrich Schlegel und
Goethe", München 1976

Peter Krupka: „Der polnische Aphorismus",
München 1976

Hans Peter Balmer; „Philosophie der menschlichen
Dinge. Die europäische Moralistik", Bern 1981

Harald Fricke: „Aphorismus", Stuttgart 1984

Gisela Febel: „Aphoristik in Deutschland und
Frankreich", Frankfurt/Main 1985

Klaus von Welser: "Die Sprache des Aphorismus",
Frankfurt/M. 1986

Heinz Krüger: „Über den Aphorismus
als philosophische Form", Frankfurt/M. 1988

Werner Helmich: „Der moderne französische
Aphorismus", Tübingen 1991

Stefan Fedler: „Der Aphorismus. Begriffsspiel zwischen Philosophie und Poesie", Stuttgart 1992

Paul Geyer / Roland Hagenbüchle: „Das Paradox", Tübingen 1992, Würzburg 2002²

Thomas Stölzel: „Rohe und polierte Gedanken. Studien zur Wirkungsweise aphoristischer Texte", Freiburg 1998

Lada Lubimova: „Struktur und Funktion des Aphorismus : eine textlinguistische Studie", Bremen 1998

Robert Zimmer: „Die europäischen Moralisten", Hamburg 1999

Michael Esders: „Begriffs-Gesten. Philosophie als Kurze Prosa von Friedrich Schlegel bis Adorno", Frankfurt/Main 2000

Rüdiger Zymner: „Aphorismus", In: Kleine literarische Formen in Einzeldarstellungen, Stuttgart 2002

Friedemann Spicker: „Kurze Geschichte des deutschen Aphorismus", Tübingen 2007

„Die Welt ist voller Sprüche. Große Aphoristiker im Porträt", Bochum 2010

Andreas Egert: „Der Fall Aphorismus. Zur Genese und Aktualität einer Gattung", Dresden 2015